辉煌中国
MODERN CHINA'S
INGENUITY

辉煌中国
MODERN CHINA'S
INGENUITY

“辉煌中国”丛书

跨越山川
中国公路桥隧

米金升 吴文竞 张曦 编著

CIPG | China Foreign Languages Publishing Administration
中国外文出版发行事业局
外文出版社
FOREIGN LANGUAGES PRESS

总　序

习近平总书记指出：“中国发展道路，就是中国特色社会主义道路。我们走这条道路，是历史的选择、人民的选择。”

新中国成立 70 多年来，特别是改革开放 40 多年来，中国人民沿着这条道路取得了举世瞩目的成就。中国已成为世界第二大经济体，14 亿人民生活不断改善，创造了人类减贫史上的奇迹，中华民族实现了从站起来、富起来到强起来的伟大飞跃。

回望，是为了更好地出发。“辉煌中国”丛书，旨在全面反映中国各领域发展成果，特别是党的十八大以来党和国家各项事业发生的历史性变革和取得的巨大成就，深刻解读自新中国成立以来党和人民的奋斗实践，深刻解读中国历史性变革中蕴藏的内在逻辑，讲好中国共产党故事，讲好新中国故事，讲好新时代中国特色社会主义故事。

公路成网，铁路密布，高坝矗立，西气东输，南水北调，神舟飞天，嫦娥奔月，蛟龙入海，高铁纵横，世界第一制造大国出品的大国工程、大国重器，给了我们中国底气。

人民幼有所育、学有所教、劳有所得、病有所医、老有所养、住有所居、弱有所扶，物质文明和精神文明双丰收的行业成就，处处彰显了中国实力。

经济特区、沿海开放城市、自由贸易试验区、少数民族地区、特色旅游城市，多姿多彩的中国省市释放出中国活力。

工程重器、行业成就、省市发展，见证了中国人民筚路蓝缕、砥砺奋进，沿着中国道路一路走来的不易与艰辛，也见证了中国的今天，是中国人民干出来的。

眺望，是为了找到前行的方向。2021 年是中国共产党成立 100 周年，在中国特色社会主义进入新时代的当下，在两个“一百年”的交汇期，中国人民正在中国共产党的领导下，为把中国建设成为富强民主文明和谐美丽的社会主义现代化强国而奋斗。希望这套书能够帮助我们在见证中国辉煌成就的同时，站在新的历史方位，踏上新的征程。

杜占元

中国外文出版发行事业局局长

2020 年 12 月

引　言

中国高速公路从零起步，在短短30多年的时间里，迅速建成了世界第一大高速公路网。这张网中，有着各种类型的高速公路，有着跨越大江大河、峡谷山涧甚至飞跃河口海湾的桥梁，有着穿过崇山峻岭、江河湖海的隧道。

这个网已经为超过10亿的中国人提供服务,这张网连接了全国所有重要的交通枢纽城市。东部地区几乎所有节点平均30分钟车程就可以接入这个网，中部地区平均需要1小时、西部地区平均需要2小时就可以上高速公路。这为人流、车流、物流提供了便捷的基础设施网络，中国的发展提供了动脉血管。

几代人殚精竭虑、励精图治，用心血、智慧和汗水描绘了这个蓝图，并把它铭刻在中国大地。所有这些，成为中国奇迹的一部分。

“要致富，先修路”

我们可以将中国地形作为理解中国高速公路网的切入点。

中国地势由西向东大致形成三个向下的阶梯，西南部的青藏高原是第一级阶梯。青藏高原边缘以东至大兴安岭—太行山—巫山—云贵高原东一线以西为第二级阶梯。大兴安岭—太行山—巫山—云贵高原东一线以东至海平面以上的陆地为第三级阶梯。作为第一级阶梯的青藏高原，平均海拔在4000米以上，分布着连绵的雪山冰川，广阔的湖泊草原，也是大江大河的发源地。在第二级阶梯上分布着三大高原：内蒙古高原，包括内蒙古大部和甘肃、宁夏、河北的一部分，海拔 1000 米左右，地面开阔平坦，地势起伏不大，主要以草原和沙漠为主；黄土高原地面覆盖着疏松的黄土层，由于雨水冲刷形成了千沟万壑，海拔为 1000 米至 2000 米；云贵高原山岭起伏、崎岖不平、地势险峻。第三级阶梯就是几大平原和丘陵地区。包括华北平原、长江中下游平原、珠江三角洲、东北平原，以及山东丘陵和东南丘陵。

不过，这三级阶梯绝非整齐划一，而是分布着十列山脉、四大盆地、三大平原。

但是，中国人口主要集中在东南部，经济活跃的区域主要在中部和东部。地理学家胡焕庸 1935 年提出了所谓的“胡焕庸线”，这条线连接黑龙江省黑河市与云南省腾冲市，线以西 56.3% 的领土面积仅养育了 5.6% 的人口，指出了中国人口分布的不平衡性：华北平原、长江三角洲、珠江三角洲等地人口密度极大，内蒙古、新疆、西藏等地方地广人稀，“即以一省为例：四川之成都平原，其人口密度每方公里在五百以上，然与之相距咫尺之邛崃山地，其人口密度每方公里即不足一人；安徽省之沿江冲积地，其人口密度每方公里在三百以上，然皖南黄山各地，其人口密度乃不足三十人”。

显然，人们千百年生活形成的分布特点不可能骤然改变，人们还需要形成新的交往格局。因此，中国出于经济社会发展、人民往来交流、区域协同共进、国家安全保障的需要，就需要贯通这三大阶梯，连通这些高原、平原、盆地，甚至要穿越这些山脉，在中国大地上建设人便其行、货畅其流、四通八达、国际往来的公路网络。

这就是中国高速公路建设的使命。

从新中国成立到改革开放前，中国公路建设取得了一些成绩，但总体进展缓慢。改革开放开启了国家干线公路网的建设，1981 年《关于划定国家干线公路网的通知》规划了总里程近 11 万公里的国家干线公路。1988 年 10 月，中国大陆第一条高速公路—上海至嘉定高速公路建成通车，实现了高速公路“零”的突破。1989 年，“赶快修建中国的高速公路”成为共识。1993 年，国务院正式发布实施《“五纵七横”国道主干线系统规划》，中国高速公路建设进入了黄金发展时代。1999 年末，中国高速公路通车总里程突破 1 万公里，居世界第四位；2000 年末，达 1.6 万公里，居世界第三位;2001 年末，攀升到 1.9 万公里，居世界第二位。2004 年 12 月，国务院通过《国家高速公路网规划》，简称“7918”网。2007 年底，“五纵七横”国道主干线提前基本贯通，中国高速公路通车总里程超过了 5 万公里。2013 年，国务院批准《国家公路网规划（2013 年—2030 年)》，在这一规划中，高速公路网升级为“7 射、11 纵、18 横”。

而中国公路建设者的伟大之处在于，他们总是努力地提前把网建成。截至 2020 年底，中国高速公路通车总里程约 16 万公里，建成了全球最大的高速公路网络，覆盖 99% 超过 20 万人的城市和地级行政中心。

中国公路建设的驱动力

可以看到，除了经济社会发展的迫切需求外，至少还有三种力量推动中国屡屡提前把公路网蓝图变成现实。

一是交通建设者。

1921年，鲁迅在一篇关于故乡的小说中说："希望是本无所谓有，无所谓无的。这正如地上的路；其实地上本没有路，走的人多了，也便成了路。" 这句话已经成为一句励志名言。但是，大地上的道路，往往需要更多的人去铺就。就中国公路建设而言，数以百万计的几代交通人持之以恒的努力，才成就了这高质量的公路网。70多年来，他们以勤劳的双手、杰出的才干、大无畏的精神建设着中国的公路网。有的人殚精竭虑描绘蓝图，有的人突破束缚锐意改革，更多的人风餐露宿、披荆斩棘，把宏伟的公路网铭刻在广袤的大地上……

我们可以把这一切概括为逢山开路、遇水架桥。在一穷二白的情况下建设现代交通基础，在差距极大的情况下追赶并超越世界同行，必须要有奋勇拼搏、无私奉献的精神追求；交通基础设施建设最大的特点是条件艰苦、环境恶劣，往往是在没有路的地方铺路架桥、在没有道的地方筑港通航，要经受身体的考验、心灵的磨炼，必须要有艰苦奋斗、勇往直前的精神支撑。

正是这几代伟大的交通建设者，艰苦奋斗、无私奉献，逢山开路、遇水架桥，以接力棒的形式，彻底改变了中国公路的面貌。今天，新一代的建设者在北方平原、江南水乡、崇山峻岭、戈壁荒漠、大江大海建设了宏伟无比的公路、桥梁和隧道，也把中国的修建技术与世界共享。

他们建设了百年不朽的基础设施，也塑造了代代传承的伟大精神。

在这个过程中，中国公路建设者也在不断探索高速公路建设管理体系。逐渐形成了项目法人制来落实主体责任，形成工程监理制来落实监督管理责任，形成招投标制来形成有序竞争，通过合同管理制来明确市场主体责权利。

二是投融资模式。

10 万公里的高速公路，需要几十万亿的资金。钱从哪里来？早期公路建设单纯依靠财政投入，但是财政投入远远不能满足大规模高速公路网建设的巨额资金需求。1984 年，国务院作出了“贷款修路、收费还贷”的决定；1985 年，国务院开征车辆购置附加费用于公路建设。两项政策尤其是前一个政策突破，为高速公路建设提供了充沛的资金来源。作为第一个例证，京津塘高速公路就是中国政府部分利用世界银行贷款建设的跨省市高速公路：1984 年国务院批准京津塘高速公路作为世界银行贷款备选项目，随后中国政府和世界银行签订贷款协议。

基于“贷款修路、收费还贷”的一整套模式，被概括为“国家投资、地方筹资、社会融资、利用外资”。不过从实际来看，“利用外资”修高速的效率似乎跟不上中国经济的发展速度，京津塘高速从获批到建成花了将近 10 年时间。因此，“国家投资、地方筹资”就成为较长时期内高速公路建设的基本模式。根据 20 世纪初期的分析，在这个投融资体系中，来自商业银行和政策性银行的贷款占六成以上，中央财政投入不到一成，其余以地方政府投入为主，加上外资和民间资本投资。尽管有质疑的声音，但高速公路收费也是合理、有效、高效的模式，使用者付费这一原则保证了基本的公平。因此，较长时期内“贷款修路、收费还贷”的投资方式是高速公路建设最重要的投融资方式，也成为一个长期的政策方向。

地方政府在引入社会资本的过程中扮演了积极的角色。贵州是近年来较为典型的例子。贵州地处云贵高原，山地面积占全省总面积的 93%，属于中国欠发达的西部地区。2008 年，贵州省政府认为要加快发展必须首先打破交通瓶颈，因此提出 10 年时间内建设 4500 公里高速公路，实现“县县通高速”的目标。这是一个伟大的构想，但是面临着“钱从哪里来”的实际问题。于是，贵州和中国交通建设集团合作，在国内第一次以“BOT（建设运营移交）”的模式建设高速公路，这种模式后来被统一称为“PPP（政府社会合作）”模式。这一探索让地处云贵高原的贵州用 8 年的时间建成了超过 4000 公里的高速公路，提前三年实现“县县通高速”的目标。当地媒体说：“贵州的交通天亮了，发展的春天就到了！”

三是技术进步。

中国公路建设的起点很低。长期以来，中国高速公路建设者一次次地创新，推动着中国高速公路建设一次次地跨越。

从北方平原、南方水乡，到高原丘陵甚至崇山峻岭，再到荒漠沙漠甚至高原寒区；从跨越江河到河口近海，中国建成了各种类型的公路和桥梁隧道。所有这些的背后，是一系列技术创新和技术进步。

高速公路建设从勘察设计开始。早期的勘察设计主要依靠技术人员人工作业，现场工作量大强度大。一大批高速公路在复杂地形中开始建设。地形条件越来越差，地质条件越趋复杂，建设条件越来越艰巨。在这种情况下，传统的勘察设计技术已经无法适应，必须发展新的勘察设计技术。超低空、大比例、高精度航空数字摄影测量（DPS/ 航空技术），实现了“将地球数字化，把地球搬回家，坐在家搞设计”的革命性创举。2001 年，中国高速公路建设者开始研究应用高分辨率卫星影像、机载激光雷达测量技术，重点解决施工图设计、高精度地形海量数据自动获取。中国进而集成创新，广泛应用航空、航天、激光雷达测量到卫星工程地质遥感技术等，通过计算机对采集的数据进行一系列处理，形成了可供设计使用的数字地面模型。现在，航天遥感、无人机、虚拟现实、BIM 技术等推动勘察设计技术不断进步。

在公路建设中，建设者针对软土、黄土、沙漠、冻土岩溶等基础形成了一系列道路综合处理技术和工程成套技术；改性沥青、防滑路面、复合式路面、环氧沥青、橡胶沥青等技术从探索到广泛应用；大型压实机械、摊铺机械、拌和设备等一大批施工机械和现代化检测、试验设备从试验到应用。所有这些，支撑了高速公路路面路基建设的顺利开展。

桥梁是高速公路建设中最为耀眼的代表。30 年时间里，中国建设者在桥梁结构体系设计、核心材料研发、关键施工工艺、施工装备创新上刻苦攻关，拥有了具有自主知识产权的桥梁建设技术体系，桥梁的技术高度不断攀升、难度不断刷新，一批大桥代表了世界桥梁建设的最高水平。同样，中国公路建设者在掌握传统隧道建设技术的基础上，在超长钻爆隧道、超大型盾构隧道、超级沉管隧道技术上实现了重大突破。今天，中国桥梁、隧道建设技术站在了世界前列。

目　录

第一章

巨网铺开
——中国公路

面对庞大的中国高速公路网，我们只能尽力寻找一个简单明了的框架。中国地形图提供了一个视角。面对中国地形图，以及中国高速公路建设的大概脉络，我们可以把中国高速公路想象为由平原水乡这个低阶梯向两个高阶梯的攀升和连通。也就是说，华北平原、长江中下游平原、珠江三角洲、东北平原、四川盆地、关中平原等首先需要形成高速公路基础框架，其次要努力实现彼此间的联系，最后努力登上第二级阶梯包括三大高原，直到那最高的第一级阶梯——青藏高原。

因此可以把中国高速公路建设的成果分成五大系列作品：平原微丘的高速公路、水乡滨海的高速公路、翻山越岭的高速公路、穿越沙漠的高速公路、高原绝域的高速公路。很显然，这不是一个科学式的划分，而是一个文学式的划分。由此我们或许可以想象出不同高速公路的图景，这有助于我们了解中国庞大的高速公路网和建设成就。

新中国成立之初，中国只有 8 万公里的通车公路，新中国的公路建设就是在这个基础上起步的。此时公路建设的当务之急是服务国家安全，中国人民解放军在福建、海南建设前线公路，并成为新中国公路建设的主要力量。同一时期，筑路大军在平均海拔 4000 米的青藏高原，修筑了青藏、川藏公路，创造了世界公路史上的奇迹。老一辈筑路人在西藏、四川、青海、新疆、甘肃等地广袤荒凉的冰天雪地、奇峡深谷、戈壁沙漠上，用铁锹洋镐和肩挑背扛，用青春韶华乃至血肉生命，树立起座座路桥地标。

尽管有着撼天动地的精神，但直至改革开放前，中国公路建设仍十分缓慢。1978 年改革开放后，中国启动了国家干线公路网建设。1981 年 11 月，国家发出《关于划定国家干线公路网的通知》，把以首都为中心，连接各省区市、各大军区、重要大中城市、港站枢纽、工农业基地等的主要干线公路划定为国家干线公路，总里程近 11 万公里。但是，这一时期公路建设还跟不上经济发展的需要，20 世纪 90 年代初期，全国人均公路长度不到 8 厘米。

1988 年 10 月，上海至嘉定高速公路建成通车，中国大陆拥有了自己的高速公路。不过，此时“高速公路”还是个陌生的概念。当时全国公路普遍是汽车和牛车马车等各种交通工具混行，事故多、效率低，汽车平均时速只有 30 公里。由于全国汽车较少，一部分人认为建设高速公路是一种浪费。但是，也有一部分人到欧洲考察学习时被发达的高速公路所震撼，便力主启动中国的高速公路建设。1989 年，在沈阳召开的全国高等级公路建设现场会上，才解决了中国要不要发展高速公路的问题。“赶快修建中国的高速公路”成为共识。这个时候，中国作为一个国土面积辽阔的国家，高速公路总里程世界排名还在 20 位以后。

1993 年，全国公路建设会议在济南召开，解决了“全国高速公路怎样建”的问题，并确定了集中力量重点完成国道主干线一期建设的目标。国务院正式发布实施《“五纵七横”国道主干线系统规划》。从此，中国高速公路建设突飞猛进，进入了黄金发展时代。沈大高速、京津塘高速、济青高速等高速公路相继建成。

“五纵七横”全面推进的同时，国家对“五纵七横”国道主干线规划建设情况进行了总结评估。2004 年 12 月，国务院常务会议审议通过《国家高速公路网规划》，总规模约 8.5 万公里，由 7 条首都放射线、9 条南北纵线和 18 条东西横线组成，简称“7918”网。2007 年底，“五纵七横”国道主干线提前基本贯通。交通建设者用 15 年的奋斗，

链接 “7 射、11 纵、18 横”

由 7 条首都放射线、11 条北南纵线、18 条东西横线，以及地区环线、并行线、联络线等组成，约 11.8 万公里，另规划远期展望线约 1.8 万公里。

1. 首都放射线（7 条）

北京—哈尔滨、北京—上海、北京—台北、北京—港澳、北京—昆明、北京—拉萨、北京—乌鲁木齐。

2. 北南纵线（11 条）

鹤岗—大连、沈阳—海口、长春—深圳、济南—广州、大庆—广州、二连浩特—广州、呼和浩特—北海、包头—茂名、银川—百色、兰州—海口、银川—昆明。

3. 东西横线（18 条）

绥芬河—满洲里、珲春—乌兰浩特、丹东—锡林浩特、荣成—乌海、青岛—银川、青岛—兰州、连云港—霍尔果斯、南京—洛阳、上海—西安、上海—成都、上海—重庆、杭州—瑞丽、上海—昆明、福州—银川、泉州—南宁、厦门—成都、汕头—昆明、广州—昆明。

此外还包括 6 条地区环线以及若干条并行线、联络线等。

圆了几代人的梦。这个梦想比计划提前 12 年实现。此时，中国高速公路通车总里程突破了 5 万公里。

中共十八大以后，中国高速公路建设又开启了新的篇章。2013 年，国务院批准《国家公路网规划（2013—2030 年）》。在这一规划中，国家高速公路增加值 11.8 万公里。“7918”网基本建成的同时，在新规划中高速公路网升级为“7 射、11 纵、18 横”。这张网将形成由“普通国道 + 国家高速公路”两个层次共同组成的线网格局。这张网覆盖 10 多亿人口，直接服务东部地区超过 90%、中部地区达 83%、西部地区近 70%。这张网让东部地区平均 30 分钟上高速，中部地区平均 1 小时上高速，西部地区平均 2 小时上高速。

改革开放 40 多年来，中国已编制了四个高速公路网规划，大约每十年迭代一次：1981 年的“国家干线公路网”、1993 年的“五纵七横”国道主干线网、2004 年的“国家高速公路网”、2013 年的“国家公路网”。每一次的规划都离不开对中国经济社会发展现实的深刻理解，也需要对未来较长时期公路建设支撑国家经济社会发展进行前瞻性把握。这对规划者而言，是一个巨大的挑战。交通运输部原总工程师周海涛在回忆参与制定《“五纵七横”国道主干线系统规划》时说：“对一个 30 年的规划，我们曾担心这样的判断和结论是不是正确。如果规划结论不正确，对中国公路交通的发展，是大罪过。现在看来，这颗心终于落定了。”他说这番话的时候，是 2018 年 10 月。

连点成线，由线组网，从 0 公里到 16 万公里，如今的中国已经建成了世界上最大规模的高速公路网络。

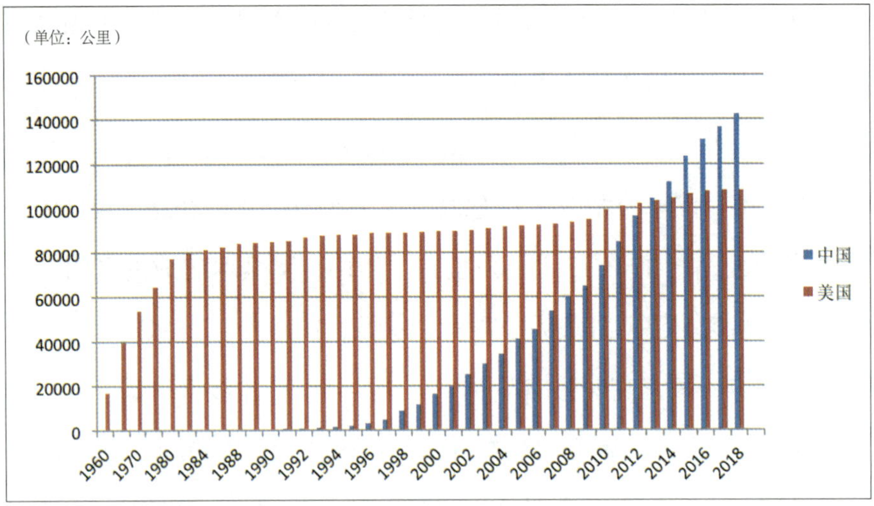

表 1. 中国、美国高速公路里程对比
资料来源：中国高速公路历程数据根据交通运输部统计整理，
美国高速公路里程数据为《中国公路》杂志社提供。

一、平原微丘的高速公路

世界第一条现代意义上的高速公路是在德国。1932 年，德国修建了从波恩到科隆的高速公路。五年后美国也建成了一条约 11 公里的高速公路。这个时候，西方国家的汽车已经较为普及。因此一些国家开始大面积建设高速公路。二战以后，高速公路在西方国家迅速成网。

与此相比，中国大陆高速公路建设要晚近半个世纪。1984 年，中国大陆开始建设两条现代意义上的高速公路。6 月，国家批准修建沈阳至大连一级公路，实际上就是按照高速公路标准建设，不过这条路超过 300 公里，显然不可能作为一个整体来推进，因此前期计划从两头建设两段，后来整体确定为一级公路标准。12 月，上海至嘉定公路按行车时速 120 公里的高速公路标准组织建设。

（一）高速公路的局部探索

1988 年 10 月，上海至嘉定高速公路建成，这条全长 16 公里的高速公路花了 4 年时间修建。这条公路被认为是中国大陆第一条建成通车的高速公路。1984 年 6 月 27 日，沈阳至大连公路开工建设，是中国内地第一条开工建设的高速公路。1988 年，就在沪嘉高速公路建成不久，沈大高速公路建成沈阳至鞍山段和大连至三十里堡段共 131 公里全立交、全封闭、全部控制出入口的收费公路，这也就是高速公路标准。1990 年，沈大高速公路全线通车，全长 349 公里，设计时速 120 公里。

一南一北两条高速公路似乎在努力争第一，但当时中国对要不要建设高速公路存在争议。由于全国汽车较少，一部分人认为建设高速公路是一种浪费。直到几个“试验田”成功之后，“赶快修建中国的高速公路”才成为共识。因为对比结果很清楚：过去从沈阳乘车到大连大约要 10 个小时，高速公路通车后只需要 4 个小时。一条高速公路串起沈阳、辽阳、鞍山、营口、大连等重要城市，高速公路一通车便迅速发挥作用，缓解了当地公路交通的压力。

1986 年，中国又开工建设两条高速公路。这两条不长的高速公路都用了大约 3 年时间建成。一条是广州至佛山高速公路，全长 16 公里，设计时速 120 公里。一条是西安至临潼高速公路，是中国西北地区最早修建的双向四车道、全封闭全立交高速公路。西安是中国古都，临潼有着举世闻名的兵马俑，因此这条 24 公里的高速公路可谓是中国第一条旅游高速公路。

可以说，这 4 条是具有局部探索性质的高速公路。

（二） 高速公路建设样板工程

资金一直是高速公路建设的制约因素。根据 20 世纪 90 年代的分析，一般平原和小丘陵地区每公里高速公路造价约为 2000 万元，山区高速公路造价达到 3000 万元。因此修建高速公路绝对是一个奢侈的工程。

随着政策变化，高速公路建设资金来源开始多样，1987 年底开工建设的京津塘高速公路就是中国政府部分利用世界银行贷款建设的跨省市高速公路。北京是首都，天津是北方经济最发达的城市之一，位于塘沽的天津新港是北方的重要港口，自然也是北京和天津的海上门户。因此，建设京津塘高速公路就是一件极为重要的事情。1972 年，中国就启动了京津塘高速公路的前期研究，交通部公路规划设计院、交通部第一公路勘测设计院、交通部第二公路勘测设计院（今天的中交公规院、中交一公院、中交二公院）也开展了 10 余年的勘察设计研究。1978 年春，交通部组团访问北欧，看到欧洲高速公路在集装箱运输和港口物资集散方面的重要作用，因此希望尽快开始京津塘高速公路建设，并在两三年内建成。但中间曾因资金问题和认识不统一而一度搁置。1984 年，国务院批准京津塘高速公路作为世界银行贷款备选项目，随后中国政府和世界银行签订贷款协议。1993 年，京津塘高速公路建成通车。

京津塘高速公路（《交通建设报》供图）

虽然受制于资金不足，但京津塘高速公路建设的技术准备较为充分。一方面，京津塘高速公路建设者经过 10 余年的技术准备，先后 6 次进行大规模现场勘察，完成大量科学试验和专题研究工作。另一方面，之前已经有 4 条高速公路建设积累的一定经验，尤其是中国自行设计、自行施工、自行管理的沈大高速公路项目，为京津塘等高速公路积累了经验和技术。除了引进国外资金，京津塘高速公路建设按国际竞争招标，实行施工监理制度，按照国际咨询工程师联合法制定的

济南至青岛高速公路（《交通建设报》供图）

合同条款进行组织、施工和管理，中国第一次摆脱了计划经济思路，把国外科学的管理模式引进来，推动基建改革，建立起工程项目业主负责制、招投标制和工程监理制；中国也引进美国、日本、欧洲的高速公路技术标准并结合中国国情进行研究。所有这些，形成了中国第一个高速公路工程技术体系。在当时国内交通基础非常薄弱的背景下，这条公路成为中国大陆第一条达到世界水平的高速公路，获得交通部公路工程优质一等奖、中国建筑工程鲁班奖、中国土木工程詹天佑奖、国家科技进步一等奖等荣誉。

此后，中国相继建成了济南至青岛、成都至重庆、广州至深圳、北京至石家庄、上海至南京、上海至杭州等一大批重点高速公路工程，初步缓解了中心城市之间的交通拥堵问题。

济南至青岛高速公路 1986 年由交通部第一公路勘察设计院、交通部公路规划设计院等单位开始勘察设计，1990 年开工建设，1994 年初主线工程建成通车。济青高速公路连接济南、淄博、潍坊、青岛等山东重要工业城市。这一工程利用世界银行第三批公路贷款 1.1 亿美元。现在这条公路成为青岛至银川高速公路（G20）的重要组成部分。后来，为了缓解这条高速公路日渐增大的行车压力，于是又建设了大致平行的另一条高速公路，并列入青岛至兰州高速公路（G22）。

北京至石家庄高速公路是中国第一条全封闭全立交式高速公路。京石高速 1986 年开工建设，1994 年 12 月 19 日全线通车，现列入京港澳高速公路（G4），成为北京通往石家庄直至广州、深圳的国家级干道。

1992 年起，中国建设高速公路的速度大大加快。1998 年，中国高速公路通车里程超过 12000 公里，总量居世界第八位。

显然，中国高速公路早期建设多数都是以重点城市为中心，从条件较好的平原和小丘陵地带向外延伸。我们不妨把这些视为中国高速公路系列作品中的第一个。

其中，以北京为核心的 7 条首都放射线中，北京至哈尔滨高速公路（G1）、北京至上海高速公路（G2）、北京至台北高速公路（G3）、北京至香港澳门高速公路（G4）、北京至昆明高速公路（G5），在华北平原上都可以视为一种类型。长江中下游平原、珠江三角洲、东北平原、四川盆地、关中平原等地也集中呈现了这种类型的高速公路。

从后来的运营情况来看，沈阳至大连高速公路和京津塘高速公路为中国高速公路建设积累了系统性的技术体系，一些高速公路成为中国高等级公路建设的样板性工程。通车多年，京津塘高速公路路面质量相当好，没有明显的裂缝、松散、变形等病害。其中，中交一公局，就是前文提到的新中国第一支公路建设队伍，其承建的京津塘高速公路北京段自 1990 年交付使用后没有出现任何质量问题，在 2003 年全线进行表面层修护时，其中一段 6.5 公里没做任何处理就达到了改扩建标准。济青高速公路青州至潍坊段自 1993 年交付使用，至 2000 年养护费用为零。

（三） 高速公路改扩建工程

随着中国经济快速发展，部分已经建成的高速公路迎来了一个新的问题：前期高速公路普遍是双向四车道，已经无法满足高速增长的车流通行需求。高速公路改扩建工程成为一个重点。中国高速公路建设者在这方面创造了很多独特的案例。

首先启动改扩建的仍然是中国大陆真正意义上的第一条高速公路——沈阳至大连高速公路。2002 年 5 月，沈大高速开始进行改扩建工程。2004 年 8 月改扩建工程竣工，全路段为八车道。在改扩建中，建设者创造性地在全线路面使用改性沥青。而且，这条高速公路按照行车时速和车型的不同为车辆区分车道，大货车和小轿车实现了相对独立的行驶。

济南至青岛高速公路横贯山东东西部，是一条非常繁忙的“黄金通道”。在这种情况下进行改扩建，关键就是尽量减少对行车的影响。建设者采用了主线上面层摊铺全部应用沥青路面全幅无缝成型技术，四车道 18.75 米宽的全断面单机，整幅一次摊铺，实现“横向一字坡、纵向无接缝”。

（四）对沥青的持续研究

毫无疑问，高速公路是现代交通技术的集合体。无论是勘测设计，还是路基、路面、施工机械、桥梁、运营管理等，建设高速公路都需要高科技的支撑。其中，沥青这个看似不起眼的建筑材料，就包含着持续的技术创新。

20 世纪 80 年代，中国第七个五年计划中，高速公路路面技术就被列为一个重点攻关项目。从高速公路建成运营开始，许多高速公路就面临着路面裂缝问题，裂缝进水之后就会对路面产生破坏，这被称为“水损坏”问题。另外，车辙也是沥青路面要解决的问题。

解决这些问题，关键是在沥青中加入不同的材料，这就形成了改性沥青、排水、橡胶、拼接、彩色、阻燃等 20 多项沥青混凝土施工工艺。1998 年，中交一公局首先在河北石黄高速公路应用大粒径、博尼维沥青混凝土新技术。掺加博尼维纤维沥青混凝土的弯沉值有所减小，弹性恢复能力增强，具备良好的抗车辙能力，抵抗、延缓裂缝的能力增强，能延长沥青混凝土路面的寿命。2001 年，厦门环岛柔性彩色路面是中国彩色沥青路面的开山之作。2004 年，江苏盐通高速南通段首次铺设排水性沥青混合料路面，这种路面工程技术通过不同的添加材料，增加了沥青路面的黏结性和柔韧性，保证了路面足够的强度和耐久性，

厦门环岛柔性彩色路面（《交通建设报》供图）

而轮胎与路面接触所产生的噪音在空隙内被减弱，几乎完全消除了轮胎溅水和水滑现象。后来，橡胶沥青和阻燃沥青开始大面积使用，加入橡胶粉后的沥青路面，解决了普通沥青路面容易渗水、损毁路基的难题，加大了与轮胎的摩擦力，提高了行车的舒适性和安全性，具有良好的抗高温、抗老化性能，并有助于消解废旧轮胎。

高速公路建设需要大量沥青材料，同时也会产生大量废料。世界上许多国家长期以来不断探索再生沥青的有效技术，并形成了各种日臻成熟的工艺和设备。随着中国沥青路面高等级公路的发展，特别是许多高等级路面已经或即将进入维修改建期，大量的翻挖、铣刨沥青混合料被废弃。如何将沥青路面材料实现再利用，成为一个新的课题。如能实现沥青路面材料的再利用，将会产生巨大的经济效益和社会效益。沥青路面的再生技术，是将旧沥青路面翻挖、回收、破碎、筛分后，与再生剂、新沥青材料等按一定比例重新拌和混合料，使之能够满足一定的路用性能并用其重新铺筑路面的一套工艺技术。在大量的工程实践中，建设者开始研究利用铣刨旧料的课题。中交二公局研究的泡沫沥青再生技术首先在西安至阎良高速大修项目中得到应用，后来又在渭南至潼关高速公路改造项目再次成功运用。

后来，山区高速公路全面建设，对沥青有了更高的要求。2001年交通部公路科学研究所主持“废旧橡胶粉用于筑路的技术研究”西部科研项目，对橡胶沥青及橡胶粉沥青混合料的路用性能及力学特性开展了全面、系统的试验研究。2007 年 7 月，交通部决定在沪蓉西高速公路实施橡胶沥青科技示范工程建设。

沪蓉西高速公路在部分路段采用了橡胶沥青路面，这是在沥青中加入橡胶粉，加大了路面与轮胎的摩擦力，提高了行车的舒适性和安全性，车辆通过时产生的噪音也较小，还能有效解决普通沥青路面容易渗水的难题。经过试验和施工，项目技术人员总结出“高温拌和、高温摊铺、高温碾压”的“三高”施工技术。

这是中国沥青路面技术的新进展：从京津塘高速公路重交沥青混凝土路面施工，到连徐高速公路 SBS 改性沥青路面混凝土施工，又到江苏盐通高速公路 OGFC 排水路面施工，再到沪蓉西高速公路橡胶沥青路面施工技术的大面积应用。

二、水乡滨海的高速公路

河道、沟溪纵横交错，稻田、鱼塘星罗棋布，是中国江南的典型风貌。不过，在这美好水乡建设高速公路总会有特殊的困难。1984 年 12 月建设的上海至嘉定公路是中国大陆第一条高速公路，也是一条试验性的高速公路。上海是典型的软土土质，地表土含水量较高，超过土基压实的最佳含水量，不易风干。上海至嘉定高速公路沿线要穿越好几段软土淤泥地段，也就是说，既不能简单地压榨掉水分，也不能晾干，这就好比是在“豆腐”上建设高速公路。因此，如何处理软土地基、控制地面沉降就成了关键性问题。上海至嘉定高速公路在立项初期，就开展了“在软土地基上修建高路堤的稳定性研究”“土工布在高速公路建设中的应用研究”等科研项目。

（一）软基处理是个拦路虎

由于地处江南水乡，高速公路路面要适当高出自然地面，这样一来，路基附加压力大，地基沉降量大，稳定性差，影响桥梁构筑物及路面结构稳定性。上海至嘉定高速公路路堤高度在 2.5 米以上部分占全线长度的 70%，为保证工程质量，在不影响工期的前提下，建设者按不同填土高度与地质条件，分别采用了自然沉降法、粉煤灰与土壤间隔填土法、袋装砂井预压排水固结法 3 种方法。

可以说，软基处理是水网地带建设高速公路的关键点。而中国江南水乡恰恰需要一大批高速公路。长江三角洲、珠江三角洲是中国经济快速发展的地区，是早期高速公路建设的主战场。20 世纪 80 年代初期，中国主要研究推广采用重型击实标准控制路基压实度。但是这种方式费时费工，急需发展软土路基处理技术。建设者广泛采用换填地基、砂垫层、塑料排水板等处理措施，解决软土地基的问题，建设了极具特色的江南水乡高速公路。

不过，今天看来，软基处理似乎不再是难题。我们把水乡滨海的高速公路作为一个系列，更多是为了体现一种独特的风景。

在沈阳至大连高速、京津塘等高速公路建设的同期，交通部就开始考虑建设上海至南京高速公路（中交二公院、一公局、二公局）。上海和南京是长三角两大核心城市，这条高速公路会经过几个较为发达的中等规模城市，更要经过数以百计大大小小的河道河汊。这条公路建设之所以未能在第一批展开，主要原因是对建设高速公路存在疑虑，加上资金需求巨大。1990 年，国家批准开发开放上海浦东，推动了上海至南京高速公路的上马。1991 年，国务院批准建设上海至南京高速公路。这条高速公路设计全长 274 公里，其中绝大部分是在江苏境内。刚开始的建设计划是先建东段、后建西段，而开工时江苏决定加快进度，“东西并进、一气呵成”。不过，这个雄心还是受制于资金，此时高速公路的造价已有了明显上升，从每公里 1500 万元增至 2500 万元。江苏在获得银行部分贷款的基础上，沿途各市自筹一部分建设资金。更重要的是，1992 年，江苏将建设中的高速公路打包成立公司，通过这个公司发行股票和债券来筹集资金。这一措施筹集了建设资金，把市场机制首次引入高速公路建设。1996 年，沪宁高速公路江苏段提前 2 年零 3 个月建成。该工程整体质量国内领先，水网软土地基工程质量达到国际先进水平。这意味着中国高速公路设计、施工和管理迈上了一个新的台阶。这条高速公路还有一个特点，就是拉近了大型工程建设和老百姓的距离。沪宁高速在建设过程中会经过较为发达地区，需要大量征地拆迁，由于这条高速公路在当时是社会普遍的迫切愿望，征地拆迁得到了民众的支持。当时有一个故事：听说要建沪宁高速公路，远在苏北泰州姜堰区大泗乡二陈小学的学生们，捐出了他们的零花钱 20.1 元。高速公路指挥部收下了孩子们的一片心意，但退回了他们的捐款。根据媒体报道，高速公路建设后期，每天都有老百姓围观，行动不便的老人也让家人背着来看看。

（二）水乡高速公路实例

浙江境内有着大量的水网地区高速公路。上海至杭州至宁波至温州高速公路是一条重要通道，途经嘉兴、杭州、绍兴、宁波、台州、温州等多个城市。其中上海至杭州至宁波段是浙江开建的第一条高速公路，是浙江接轨大上海的“黄金通道”，也是连接宁波—舟山港的主通道，于 1998 年底全线建成通车。宁波至温州段在 2007 年前后建成。这条路集中了不同类型的软土地基。在建设中，建设者对软塑—流塑状淤泥的性能进行了研究，在系列技术基础上，形成了傍山软基高路堤的加固处理方案。另外，在修建这里的高速公路时，建设者针对软土地基上高速公路的沉降问题进行了深入研究，形成了相应的设计方法和施工方法。一般来说，这里广泛应用了预压和塑料排水板相结合的超载预压和真空预压技术。

杭州至宁波高速公路二期湖熟段（史瑞新 摄）

广州至深圳至珠海高速公路是典型的三角洲河海冲积平原高速公路。河海冲积平原往往是河网密布、沟渠纵横，大大小小河道往往都有船只通行。高速公路建在软土地基上，这类土质往往含有有机质，有空隙，大体可以类比橡皮泥，因此软基处理也是必修课。

福建福鼎至宁德高速公路是一段滨海高速公路，集中了滨海平原和沿海滩涂地带软土的特征。这种软土地基强度低、变形大、固结时间长，一般会形成较大的沉降。从设计之初，这条高速公路的设计者就专门提出滨海软基的高速公路建设方案，通过开挖换填、抛石挤淤、爆破排淤等方式，根据不同的地基土特征采取不同的技术。这条路

2003 年建成，也形成了填石路基的施工方案，后来在全国推广。

2010 年后，北方的天津、河北滨海地区进行了大面积的吹填造地，并在新造的软地基上建设不同类型的高速公路，这同样要用到大量的软基处理技术。河北唐山市辖的曹妃甸是悬在海上的一座孤岛，但是这里有着良好的水深条件，非常适合建设港口。进入 21 世纪，曹妃甸成为河北乃至全国港口建设开发的重点。这一切的开始，需要先在惊涛骇浪中建设一条通往曹妃甸岛的公路。这里的基础是成片的盐碱地、荒滩，甚至还有刚刚由海中泥沙吹填而成的“新鲜”软土。建设者用袋装砂铺底作为基础来建设公路。在施工过程中还有一段波折：在建设路基的过程中，有一个晚上，大风和海浪一夜之间将路基几乎冲得无影无踪，建设者不得不重新开始。

在高速公路建设过程中，虽然能够通过多种软土地基处理方式来提高地基承载力，但是一般情况下各种淤泥分布不均匀，如果不能从整体上解决，不同部位的地质沉降会导致路面沉陷开裂。一般来说，可以通过重载夯实的办法，把淤泥挖出来置换成别的材料，或者通过抛填石块等方式彻底改变路基。这些方式要么需要较长时间，要么需要大量石块、袋装砂、土工布等材料。因此，随着技术的发展，快速排水技术开始广泛应用。近年来，在大面积吹填造地中成熟的软土快速加固技术逐渐成熟。例如，在淤泥表面铺一层编织布，然后铺设主排水管和支排水管，形成网格状的水平排水通道，并与垂直排水通道构成闭合回路，铺上无纺布和密封膜之后，通过水泵抽水，实现了软土的排水和加固。

（三）水乡高速公路的扩建升级

同样，水乡高速公路也面临着改扩建问题。

例如，上海至南京高速公路开通后没几年，交通量就接近饱和，已不能满足经济社会发展需要。事实上，沪宁高速公路江苏段在筹建时就已预料到这一天，但条件有限，因此当时决定：在公路两侧预留了几万亩土地，为将来拓宽车道创造条件，节省资金。2003 年上海

上海至南京高速公路（《交通建设报》供图）

至南京高速公路进行扩建，仅用两年左右时间便实现了全线贯通。扩建后的沪宁高速公路双向八车道，道路宽阔，车流顺畅。中交二公局在这条高速公路扩建中首次实现在不中断交通的前提下全线一次性改建为八车道高速公路。建设者在扩建工程实施的前、中、后期均制定了完善的临时交通组织、分流、疏导方案，充分利用现有的交通工程设施结合沿线路网特点，进行了专项科研课题攻关，在各阶段实行动态设计，设置了完善的临时交通工程设施，确保了工程扩建和交通运营两不误。

上海至杭州至宁波高速公路车流量自通车以来一直以每年约 15% 的速度递增。扩建工程将四车道拓宽为八车道，实际上就是再造一条“沪杭甬”。其中软土地基涉及拓宽工程 90% 的路段。针对这一问题，拓宽工程广泛采用路堤桩、粉喷桩和塑料排水板等软基处理对策，加固软土地基。

三、翻山越岭的高速公路

如前所述，中国地势由西向东大致形成三个向下的阶梯，分布着十列山脉、四大盆地、三大平原。所谓逢山开路，中国高速公路建设必然要有翻山越岭的壮丽篇章。或许，我们把翻山越岭的高速公路视为从第三级阶梯登上第二级阶梯的努力。从华北大致向西到黄土高原和内蒙古高原；从长江中下游平原和东南丘陵大致向西到云贵高原和四川盆地。这就需要越过崇山峻岭，当然也包括大致由南向北翻越秦岭和南岭。我们挑一些典型工程来叙述。

（一）从华北平原出发

20 世纪 60 年代的北京至原平公路是一个典型。这条公路 1964 年上马，是集设计、科研、施工、教学为一体的大型工程，是新中国成立以来一次性投资最多、国内技术标准最高、通过能力最大的国防公路干线，全长 511 公里，皆为沥青路面。公路从北京向西翻越太行山进入山西高原，穿越燕山、太行山、五台山等山脉，跨越永定河等大河。勘察设计团队共勘察近 2700 公里，从中优选 511 公里。最终路线所经之处，地形仍然复杂，山势陡峭，峡谷纵横，全线包括总长约 1000 米的隧道 5 座、总长约 25000 米的大中小桥梁近 2000 座。有的地段人烟稀少，缺水少粮，又无便道可通过，工程遵照“安全畅通隐蔽”原则，路线大部分走山坡阴面。这样一个艰巨的工程，生产手段相对落后，石方开挖基本靠人工打眼放炮，土石方运输主要靠人推肩扛，施工机具简陋而缺乏。尽管如此，老一辈公路建设者艰苦奋斗、日夜奋战，经过 5 年零 8 个月的顽强拼搏，京原公路于 1969 年 9 月完成了主体工程。

石家庄至太原高速公路是中国第一条山区高等级公路。这条高速公路及时连接河北、山西两省省会，也是山西煤炭外运的大动脉。随着车流量的增加，石家庄至太原高速公路拥堵日益严重，有时堵车长达 20 小时。因此，建设高速公路非常迫切。不过这条高速公路需要横贯太行山，沿线山峦起伏、沟谷纵横、地质复杂。石家庄至太原高速公路 1989 年开始勘察设计，1996 年部分路段建成。这条高速公路经过一些煤炭、矿石采空区，为了掌握采空区范围和深度，勘察设计中采用了无线电、电磁等新的物探手段，在建设中采取灌注等方式来处理采空区地基。这些技术都是国内首次采用。

太原至旧关高速公路是中国第一条一次设计完成、一次建成通车的典型的山区高速公路。这条全长 141 公里的高速公路，经山西黄土高原与太行山脉两大地貌地带，横跨地势平缓的汾河河谷平原，穿越冲沟发育、切割严重的重丘区，进入山势陡峻、高差悬殊的山岭区，沿线地形极为复杂，工程条件十分困难。这条路 1996 年建成，创下了当时三项全国之最：工期最短、造价最低、质量最优，为中国山区高速公路建设积累了宝贵的经验。

从北京城区往西北方向即进入太行山脉，第一个关口是形势险要的居庸关。北京至西藏高速公路经过此地向西北进入内蒙古高原，这也是北京至西藏高速公路的起始段，这段道路也被大家称为“八达岭高速”。一方面是因为这条路是从北京到八达岭长城的最快通道，另一方面也是因为这段路最艰难的建设路段就在八达岭。它于 1996 年开始建设，2001 年全线建成通车，后来一直延伸到张家口乃至西藏。建成之后，这条高速公路成为西北方向进出京的要道，也由于道路连续坡道行车危险，这条路也迅速成为最拥堵的高速公路之一。2017 年一条大致与之平行的高速公路建成，这就是北京至新疆高速公路的起始段。这样，从北京出发有两条高速公路爬上内蒙古高原，往西分别通往新疆和西藏。

（二）迈上黄土高原

就地理环境而言，中国高速公路建设整体上是先易后难。2000 年以后，大规模公路建设真正进入到“崇山峻岭、雪域高原、黄土高坡、大漠戈壁”等复杂地质区域，公路建设者们面对前所未有的新技术突破和施工挑战。

黄土高原是一种独特的地质环境。由于黄土本身土质疏松，作为路基就要加固处理。但是这并不是难点，黄土最重要的特点是，在干燥状态下强度较高且不容易压缩，但是遇到水之后，就会崩解崩塌。这是因为黄土在被水浸湿浸泡后，其结构会迅速破坏，自身不仅没有承载力，而且因为自身重量反而会成为下沉力，这就是所谓的湿陷性黄土。在这种基础上建设高速公路，就可能出现不同程度的工后沉降。

陕西、山西一些高速公路在运营过程中，反复修补沉陷病害。因此，黄土地区的路基要特别注意防冲、防渗和保持水土，尤其要排除路基附近的地面水和地下水，并对排水构造物做好必要的防护与加固，防止地基湿陷对道路产生危害。因此，陕西、山西的高速公路建设一直把黄土路基的设计和施工作为重点研究课题。

在黄土路基的建设中，一个看似不起眼的问题却是关键，这就是对黄土的判断认识。黄土由于颗粒矿物成分、生成年代、环境以及成岩作用的原因和程度不同，有湿陷性和非湿陷性之别。陕西禹门口至阎良高速公路提出的新黄土地基承载力表、黄上路基水分入渗规律及湿陷评价等关键技术，提出了物美价廉的湿陷性黄土处理办法，实现了公路施工技术领域的一大突破。这条路被列入北京至昆明高速公路（G5）。

营盘水至双塔高速公路（于维闯 雒枭 摄）

而且，黄土隧道和公路边坡建设都有一些需要特别关注的地方。简单来说，就是黄土支撑力不够，可能会出现掉渣掉块甚至塌陷。这就要有针对性的解决方案。

一般认为，黄土高原上的渭河带着泥沙穿过西秦岭顺流而下，冲积形成了关中平原，古称“八百里秦川”，几千年来曾有十多个王朝在这里建都。关中平原西端是宝鸡，宝鸡往西则是中国真正的大西北。因此，宝鸡至天水高速公路是连接西北和关中平原的最重要通道，它需要翻越西秦岭，沿途山峰陡峭，是典型的高山峡谷地貌。不过就地质状况而言，这里底层较为单一，地质构造简单，花岗岩为高速公路提供了良好稳定的基础，关键就是要有“啃得动”花岗岩的硬本领。作为交通部山区高速公路典型示范工程之一，这条高速公路力求和山川河流的“势”相吻合，不强拉直线、硬切山梁，因此采取了多种路基方式。当然，这条路自然少不了长大隧道。这条高速公路大体上沿着渭河，可谓是从登上黄土高原这个阶梯前往大西北的重要通道。这条路 2009 年建成，从交通运输来看，用高速公路贯通连接了东至海滨的连云港和西至边境的霍尔果斯（G30），被称为欧亚大陆桥。

（三）从中部到云贵高原

近年来中国大西南山区高速公路建设成就蔚为壮观。这些公路所在区域在地理上包括云贵高原大部、四川盆地边缘以及青藏高原东南部。云南高原和贵州高原的海拔分别为 2000 米以上和 1000 米以上，而青藏高原东缘的海拔基本在 3500 米以上，区域内各种地貌形态分布广泛均衡。就公路建设而言，需要打通中国西部和中部、东部的连接瓶颈。我们可以把这些努力视为从东部平原向第二级阶梯甚至向第一级阶梯爬升。

其中，上海至昆明高速公路（G60）、上海至重庆高速公路（G50）、杭州到瑞丽高速公路（G56）比较典型。它们的西段要翻越崇山峻岭，因此，在贵州、云南建设了一大批“网红”桥梁，包括杭州到瑞丽高速公路（G56）上的北盘江第一桥（原称北盘江大桥）、抵母河大桥、龙江特大桥，上海至昆明高速公路（G60）上的金沙江特大桥。

上海至重庆高速公路湖北西部段曾经是一个瓶颈，建设过程中被称为沪蓉西高速公路，是湖北工程最为艰巨、地质最为复杂、建设周期最长的高速公路建设工程，也是全国建设难度最大的高速公路项目之一。专家总结了这一项目的五大特点：地形地质特殊、工程技术复杂、施工条件艰难、建设工期紧迫、人文环境和自然资源独特。2004 年沪蓉西高速公路开工建设。这条路处于云贵高原东北部的鄂西高原，山高坡陡，地形起伏频繁，“集地质病害之大成”；由于公路穿越高原，因此桥梁和隧道占了整个工程线路总长的 67%。其中，四渡河特大桥跨度 900 米，桥面距谷底高度为 531 米；野三河特大桥两个桥墩深扎于连山羊都立不住的“V”字形绝壁上，一切从在 70 度以上的石坡上开凿羊肠小道开始，项目部花了 4 个多月的时间才修建成 1300 米的施工便道。野三关隧道穿越溶洞、暗河等复杂地质，清江大桥施工时竟然找不到一个平坦的地方来设置预制梁场。这些关键性工程几乎都处在“无人区”，面临着“无路”“无水”“无电”的困境，搞工程要从修路、找水、拉电开始，材料普遍要靠工人牵着骡马运输。钢筋是一根一根抬到工地，水泥、黄沙是用人力从山顶沿着专门开凿的小

四川广元至陕西高速公路沙河镇特大桥（罗林章 摄）

道盘旋搬运。稍大一点的设备甚至要先拆散搬到合适位置、再组装才能投入使用。2008 年，沪蓉西高速公路全面建成。时任交通运输部总工程师周海涛表示，沪蓉西高速公路建设攻克了一批中国山区高速公路建设技术难题，探索出了一套复杂山区高速公路建设管理经验。

上海至瑞丽高速公路湖北境内邵阳至怀化段，提出了山区高速公路标准化设计概念。这条路 2003 年完成设计，2007 年建成通车。这段路既需要高填深挖、高桥高坡，又要积极保护沿线生态环境。

可以说，这几条路都是努力登上第二级阶梯——云贵高原的高速公路。

（四）云贵高原之上

贵州高速公路建设整体上是从 2008 年启动，而且是以更宏大的气势推进高速公路建设，主要特点是建设一大批大跨度的桥梁。贵州地貌属于中国西部高原山地，境内地势西高东低，自中部向北、东、南三面倾斜，平均海拔在 1100 米左右。贵州高原山地居多，素有“八山一水一分田”，全省基本没有平原，被绵延不绝的大山阻隔，交通一直被视为全省经济社会发展的重要瓶颈。境内山高谷深、沟壑纵横。特殊的地质、地形条件给交通基础设施的建设提出了巨大的挑战。但贵州通过引入大型中央企业以 PPP 方式解决了资金来源，并发挥大型建筑企业集团的技术和建设管理优势，通过大跨径桥梁让“高原变平原”。2019 年，贵州高速公路通车总里程突破 7000 公里大关，高速路网综合密度排名全国第一。在高速公路建设中，贵州建设了一批引以为傲的世界级桥梁。除了桥梁以外，贵州特殊的自然环境和地质条件，也让公路建设者在各个环节强化技术创新，包括复杂地质条件下的隧道建设、边坡防治、沥青路面、环境保护等关键技术。恰恰是贵州土地的金贵，才让建设者努力采用桥梁群、隧道群等方式；也由于较为充足的财力支持，让这里的高速公路通达各方。而贵州高速公路建设的模式也让云南、重庆、广西等省区市借鉴创新，由此形成了中国大西南翻山越岭高速公路建设的系列成就。

链接　PPP 模式

PPP 是 Public-Private Partnership 的英文首字母缩写，指在公共服务领域，政府采取竞争性方式选择具有投资、运营管理能力的社会资本，双方按照平等协商原则订立合同，由社会资本提供公共服务，政府依据公共服务绩效评价结果向社会资本支付对价。通常模式是由社会资本承担设计、建设、运营、维护基础设施的大部分工作，并通过“使用者付费”及必要的“政府付费”获得合理的投资回报；政府部门负责基础设施及公共服务价格和质量监管，以保证公共利益最大化。

贵州高速公路建设的一个重要特点是和中央企业全面合作。从2007 年起，贵州开始和中央企业开始合作。例如，贵州和中国交通建设集团从早期的“建设运营移交 + 设计施工采购一体化（BOT+EPC）”开始，推出 “贵州模式”并不断升级，包括 BOT+EPC+ 政府补助 + 建设期补贴 + 运营期补贴 + 交通量保底 + 配套土地收益等。

2007 年，贵阳至都匀高速公路开工。这是贵州第一个采用 BOT 形式进行建设的项目，也可能是中国第一个完整意义上的以 BOT 形式进行建设的高速公路。贵州和中国交通建设集团都极为重视。从设计到建设，都选择了较好的线型设计，确定了山岭重丘双向四车道高速公路中最宽的路基标准，配套了完善的交通安全设施。2011 年公路投入使用，贵阳至都匀的交通时间缩短至 1 个小时，成为贵阳到广州和西南出海通道的最快捷通道，并为沿线带来便捷的交通。这条公路

贵阳至都匀高速公路岔河高架桥（刘叶琳 摄）

也成为国家公路网中厦门到成都高速公路（G76）的一部分。

2015 年底，贵阳至瓮安高速公路全线通车，由此，贵州高速公路通车里程超过 5100 公里，成为西部地区第一个县县通高速的省份。这条路是国家高速公路网规划中银川至百色高速公路（G69）在贵州境内的重要路段。贵阳至瓮安是中央企业投资贵州建设高速公路的一个典型，也是这一时期中国采取 PPP 模式建设高速公路的一个典型。贵州至瓮安高速公路全长 71 公里，构成了贵阳市东北方向的出省大通道。根据建设计划，这条路的控制性工程清水河大桥于 2016 年底建成通车，其他工程于 2015 年底建成通车，这就出现了错配。为此，建设者创造一切有利条件，对清水河大桥先行设计、先行评审、先行征地、分阶段提供施工图纸，确保清水河大桥先行开工，最终大桥于2015年12月31日正式通车。这一工程贯彻了全寿命周期理念，从设计之初就提出确保路面工程10年不大修，降低运营期养护成本。这条路沿线岩溶、顺层、软土、高液限土等地质情况复杂，在建设中采用先进设计理念和技术创新，节约用地、保护环境、恢复生态，始终坚持可持续发展原则，寻求与环境的和谐统一。高速公路通车后，贵阳到瓮安的时间从以前的4个半小时缩短至1个小时。2018年，德国柏林召开的国际咨询工程师联合会上，贵阳至瓮安高速公路被评为特别优秀奖（全球共2项）。

在PPP模式下，贵州还和投资者努力探索绿色低碳、环境友好型的高速公路建设。道真至瓮安高速全线共有隧道33座，共计出渣689万立方米，全线26个土建标段全部实现对隧道弃渣的利用。此外，由于引进温拌沥青技术，与热拌沥青混合料相比，道安高速节约天然气量为36万立方米，减少二氧化碳排放量1034吨。投资方以打造贵州绿色生态旅游为契机，将最美高速、绿色高速融入贵州的美丽生态环境中，营造一种“车在路中走、人在画中游”的出行环境。道安项目也因此被列入交通运输部2014年节能减排资金专项支持项目，成为贵州首条绿色循环低碳示范性公路。

高速公路改变了当地的发展环境。贵州瓮安是一个偏居一隅的小县城，去一趟省会贵阳要4个半小时车程。以前从瓮安出去，只有一条路，大矿车很多，经常堵车。石阡县到附近的江口县共125公里，有400多个“拐拐”（弯道）。贵州至瓮安高速公路开通，架设跨越峡谷的清水河大桥，从瓮安到贵阳和都匀的车程都缩短至一个小时。

贵阳至黔西高速公路（刘叶琳 摄）

江口至瓮高速通车后，江口到瓮安只需一个半小时，石阡成了两条高速交会的中心。高速公路改变了这里人们长期的生活习惯，也带来了更多的投资。瓮安拥有中国最大的磷矿，磷矿储量位居亚洲第一。高速公路开通后，这里的投资持续升温。

贵州高速公路建设并没有止步。2016 年，贵阳至黔西高速公路建成通车，78 公里的高速公路像一条蜿蜒腾飞的巨龙，穿山越水，将黔西至贵阳的行车时间从 2 小时缩短至 50 分钟。这条高速公路也是贵阳至成都之间最快捷的高速通道的一部分。在贵黔高速公路的建设过程中，建设团队超前策划，优化资源配置，开展了全方位的创新。2019 年，铜仁至怀化高速公路铜仁段正式建成通车。铜怀高速铜仁段穿越

蒙自至文山至砚山高速公路（张洪科 摄）

在群山之间，全线高地质条件复杂，风险点121处。建设者基于近年来高速公路建设的经验，全面推广新技术、新工艺、新材料、新设备，并按照“机械化换人、自动化减人”的建设理念，先后引进钢筋加工数控设备、二氧化碳保护焊、等离子切割机、电缆槽边沟台车等新设备。

云南也处在云贵高原上，其境内8成以上都是山地，与贵州不同的是，几条大河劈开重峦叠嶂从境内穿过，最大落差高达数千米。和贵州一样，它也希望快速改变交通状况。

2014年，云南和中央企业以特许合作方式一次性合作建设曲靖至宣威、蒙山至文山等3条近300公里的高速公路。这三条路既有云南昆明、宣威、曲靖等重要城市之间的连接线，也有针对蒙自、文山、

云雾中的蒙自至文山至砚山高速公路（张洪科 摄）

砚山等贫困地区的“致富路”。这些公路中，有些需要经过喀斯特地貌，岩溶结构多、围岩稳定性差，给隧道和桥梁桩基施工带来了严峻的挑战。不过，只用了 3 年左右的时间，这些公路都基本实现了通车。由此，当地的石榴、三七、枇杷、辣椒、石斛等农特产品开始迅速走向全国。

华坪至丽江高速公路是上海至昆明高速公路（G60）在云南境内的一部分，也是云贵高原上的重要通道。是云南和中央企业以 PPP 模式建设的第一条国家高速公路项目。这条公路处在云贵高原与青藏高原衔接区域，深山峡谷，沟壑纵横，地形地貌情况异常复杂，150 公里的高速公路中，桥梁和隧道超过 110 公里，很多地方是桥隧相连。许多桥梁墩柱均位于陡壁悬崖之上，很多隧道的洞口不具备施工条件，只能采取支洞进洞方式进行隧道掘进。工程地质复杂多变，公路基础不稳定，甚至在建设过程中就出现路基滑移、山体滑坡的情况，部分路段又处在类似沼泽的地段。跨越金沙江的大桥是这个工程的一个重点。当地傈僳族人早已习惯了这种崇山峻岭的生活方式，经过公路建设工程师的培训，他们发挥了一种独特的高空作业能力，成为高速公路建设新的补充力量。而且，发挥一技之长，也增加了收入，改善了他们的生活状况，成为“精准扶贫”的一个成功案例。

（五）青藏高原的边缘

从四川雅安出发的两条高速公路一度成为“网红”。一条是向西的雅安至康定的高速公路，一条是雅安至西昌的高速公路。

从成都平原进入西藏，一直是公路建设探索的方向。四川雅安到康定的高速公路是近年来最为艰难的高速公路之一。从地形看，这里位于四川盆地向青藏高原过渡段内，海拔快速爬升，地貌类型复杂多样，地形狭窄陡峻、沟壑纵横、起伏巨大，地质条件极其复杂。高速公路穿越龙门山断裂带，地震烈度高。二郎山特长隧道穿过13条断裂带，泸定大渡河兴康特大桥处于活动断裂区域，滑坡、泥石流、崩塌等地址多。对公路建设者来说，这是一个异常艰难的任务。其中，泸康段的隧道群穿越高山峡谷，施工便道布设于悬崖峭壁，有的地方需在峡谷陡坡上修建约8公里的施工便道才能到达隧道支洞作业点，其中一条施工便道拐了24道弯。建设者甚至用1年半时间才将施工便道和施工支洞打通，才能展开主线隧道施工。穿过二郎山就是大渡河，这里是一个有着历史深意的地方，壮观的泸定兴康特大桥也已经通车。雅康高速公路和国道318线整体上平行，但局部有多次交汇。新的高速公路比旧公路要高一头，因为今天的高速公路跨越能力更强。所有这些被称为新天路上的新景观。不过初次驾车在这条路上，很多人表示很紧张，甚至有人有恐高的感觉。从很多视频、照片来看，雅康高速的确是一条令人震惊的路。

从雅安往南，是通往西昌以至云南的高速公路，属于北京至昆明高速公路的一部分。这一段的雅西高速公路由四川盆地边缘向横断山区高地爬升，通过大西南地质灾害频发的深山峡谷地区，跨越青衣江、大渡河、安宁河等水系，地形条件极其险峻。另外，这条高速公路还要跨过12条地震断裂带，地质结构极其复杂。雅西高速建设条件极其艰苦，安全营运难度极大，被国内外专家学者公认为国内乃至全世界自然环境最恶劣、工程难度最大、科技含量最高的山区高速公路之一。由于这条公路存在较大落差，路上设置了多达6个避险车道，每隔 10 公里左右就有一个。这条路有两个特殊的隧道，叫双螺旋小半径曲线型隧道。建这样的隧道是为了在较短距离内实现公路爬升，也就是在 4 公里的“V”形峡谷范围内连续爬升 450 米，公路通过隧道在山肚子里盘旋而上，既实现线路爬升，又避开地质不良地段。同样，因为高架桥众多，在这条路上开车，有时会有穿行云中的震撼。

（六）翻越秦岭和南岭

除了由东向西的爬升，中国高速公路南北通道的建设中，需要面对秦岭和南岭两大山脉，因此也形成了翻越崇山峻岭的高速公路。

西安至汉中高速公路是穿越秦岭的一个典型，现在被列入北京至昆明高速公路（G5），是陕西一次性开工建设里程最长、建设投资最多、自然条件最艰苦、施工难度最大的一条山区高速公路项目。它穿越秦岭主山脉，山大沟深，地形条件复杂，桥梁隧道诸多，工程技术要求高，施工难度极大。这条路要尽量减少工程建设对秦岭终南山世界地质公园的影响。因此，公路采取少挖多保护、多还原等措施，尽量保护秦岭地质构造、植被面积和动物栖息等。

北京至香港至澳门高速公路（G4）广州北段是穿越南岭的一个典型。这里地质地形复杂，常年多雨、多雾，因此这条高速公路被世界银行专家称为“中国最具挑战性的公路项目”。这条路 2003 年建成，在勘察设计中首次大规模采用 GPS 控制测量、数字摄影测量和数字模型技术，为后来 GPS 技术在高速公路建设领域的应用提供了支撑，并形成了技术规范。高速公路建成后，在冬季恶劣雨雪天气上路行驶时，仍然需要小心谨慎。

四、沙漠戈壁的高速公路

中国是世界上沙漠面积较大、分布较广、沙漠化危害严重的国家之一。无论是治理沙漠还是穿越沙漠，都需要良好的道路。早期公路建设中，往往倾向于绕开沙漠。随着公路建设技术的发展，近年来中国高速公路建设开始直面沙漠，一方面减少绕圈子，一方面解决沙漠带来的问题。虽然没有必要建设大量的沙漠公路，但是为数不多的几条沙漠高速公路已经成为世界上最为壮观的高速公路之一。

（一）最早的沙漠高速公路

榆林至靖边高速公路是中国第一条沙漠高速公路。1999 年开工建设，2003 年建成通车，其中 70 多公里路段通过中国北部的毛乌素沙漠。建设这条高速公路面临的最大难题是流沙问题。榆林市位于毛乌素沙漠南缘，是中国土地荒漠化和沙化危害严重地区之一，长期遭受风沙侵害，榆林城在历史上曾被迫三次南迁。公路在建设伊始就把植树、防沙作为重点课题，采取绿化工程与主体工程同步进行。公路建设者深入对流沙的研究，进行了沙漠高速公路边坡防护、防风固沙及养护技术研究与绿化试验，先大面积搭设网格障蔽，然后以人工栽植为主，在防风固沙带及以外一定范围再用飞机播撒草籽进行加密巩固。这就在公路中央隔离带、两侧边坡、平整绿化带和防风固沙带内栽种了各种绿化树种和草种，形成沙漠高速公路绿化美化和防风固沙融为一体的综合绿化体系。这条高速公路将沙漠扒去、高削低填、用特殊的压路机压实，这就是部分路基填筑采用风积沙的办法。这个办法看似简单，却是建设者深入研究、反复试验的结果，是对沙漠高速公路设计、施工、养护成套技术的系统试验研究，为中国沙漠高速公路的修筑和养护积累了宝贵经验。另外，这条高速公路防止流沙并非一日之功，而是十几年来持续的治沙造林。早期主要是用成片的草方格沙障来固定沙丘，使流沙不易被风吹起，草方格上栽种沙蒿、柠条等易于成活的沙生植物。现在沙格上已经长出大量的树木，榆靖高速公路成为绿色长廊，是中国治沙造林的一个缩影，榆林也逐步实现了由“沙进人退”向“绿进沙退”的转变。

（二）最长的沙漠高速公路

沙漠公路中最著名的要算北京至新疆高速公路（G7）临河至白疙瘩段。这条路成为进入新疆的一个大通道。早在一百年前，孙中山就在《建国方略》中提出要建设“东起北平（北京）、经阿拉善，西至迪化（乌鲁木齐）的第二条进疆大通道”的规划与梦想。

2004 年《国家高速公路网规划》规划了由首都北京引出的 7 条放射线，其中京新、京藏高速公路由北京西北方向大约平行引出，经张家口、呼和浩特、包头、巴彦淖尔后分开，一条继续往西北延伸直至新疆，另一条转向西南延伸至西藏。京藏高速早在 1996 年就开始建设，除青海格尔木至西藏拉萨段外，2016 年已经实现全线通车。不过从 2005 年前后，北京西北方向就已经出现经常性堵车。因此，除了部分之前通车的路段外，2012 年国家全面启动京新高速建设，这是中国最大的一次性投资建设的高速公路。所谓“条条大路通罗马”，北京作为中国首都，可以走经过西安、兰州等中心城市的高速公路通往新疆。不过，从中国地形来看，由北京西北引出串起河北、内蒙古、甘肃、新疆的这条高速公路，是里程最短的一条，要比其他高速公路缩短约 1300 公里。

那么，为什么直到 2012 年才启动建设这条高速公路呢？一方面，由北京至包头已经有京藏高速；另一方面，则是因为从内蒙古临河直到新疆，横贯分布着著名的巴丹吉林、腾格里、乌兰布和三大沙漠。要穿越这些面积巨大的沙漠戈壁，就要建设近 1000 公里的沙漠高速公路。这是世界上绝无仅有的工程。

虽然在建设京新高速之前，中国已经在沙漠戈壁建设了不少高速公路，但这个工程是一个巨大的挑战。这里每年 8 级以上大风、沙尘暴、扬沙天气超过 100 天，全年很少有降雨。再往西走，便是超过 200 公里的除了沙漠戈壁外一无所有的无人区。京新高速建设者来到这里，先要解决生存问题。刚进入工地，没有宿舍，建设者们只能住帐篷，夜里经常被大风吹醒。他们在戈壁上挖了几米深的大坑，把帐篷扎在大坑里防风。他们在工地方圆十几公里勘测打井，偶尔打出有水的井来，水中的杂质和矿物质却严重超标。最近的水源往往没有路，他们还要专门修建拉水便道，开车 150 多公里来回 10 个小时才能拉回一车水。中国交建京新高速临白三标项目总承包部党工委书记、总经理刘永明在高速公路建设行业工作已有 30 余年，足迹遍布大江南北。当他第一天来到一望无际的戈壁滩上时，看到寸草不生、黑石突兀，他也不由得心里发怵。刘永明负责高速公路其中一段 358 公里的建设任务，恰恰包括 200 公里的无人区。他的工作从找地标和导线点开始，荒凉的大漠中，峰雷山、黑鹰山、白疙瘩是传言中的三个地标，当地人都听过，却无人愿意前往。牧民劝阻说，大漠深处是无人区，太危险。测量员只好一座沙丘接一座沙丘地测数据。有一次，几位测量员勘测数据时忘了时间，天色骤变，他们在黑夜中的大漠迷失了方向。他们的手机没有信号，无法与项目部联系请求救援，只好采用最原始的办法，找来一些枯树枝，搭在一起点燃，黑暗中的火光和烟最终让同事找到了他们。

不过，30 个月的工期，建设者竟然提前 2 个月完成了。在整个施工过程中， 最重要的策略就是“快”。2015 年 1 月，刘永明刚接到任务，他就开始算账：工期只有 30 个月，但每年 10 月中旬至次年 4 月中旬，当地气温极低，不具备施工条件，每年有效施工期只有 6 个月。由于桥梁、水稳等工序都得满足一定周期，只有土方工程上能抢出时间。如此一算，填挖方必须在 2 个月内完成。有了这个判断，他便决定做足这方面的功夫。要想短时间内完成，必须得有足够多的大型设备。因此，他从全国各地调集 5000 多台（套）挖掘机、装载机、压路机、运输车辆等机械设备，集中优势兵力打歼灭战。刘永明说这是个笨办法，但这笨办法的后面是企业实力、国家实力。30 年前，刘永明参与了北京至石家庄公路的建设，那时候根本不可能打这种歼灭战。那时，多数设备是现从国外引进的；此时，几乎所有设备都是中国国产。如果把刘永明所说的“笨办法”总结一下，就是策划充足、集中管理、把握关键、快速行动，这也是他几十年公路项目管理的宝贵经验。靠着这些经验，他指挥 10 家单位、万余名施工大军，在 358 公里长的战线上，管住材料、质量、安全、环保、成本等所有施工要素，工程建设的速度、效率和经营状况均得到较大提升。

在沙漠就得和沙子打交道。建设者后来总结，沙子既是敌人也是朋友。扬沙一起，黑风扑面，如一堵墙压过来，甚至会将刚建好的路掩埋掉。在沙漠筑路，首先就得理解沙、驯服沙。建设者用耐寒耐晒的编织袋装满沙子，在道路两旁摆成一格格纵横交错的“井田”，并在有条件的“田”里种上红柳。同时，他们在路边上风侧 300 米处，设立与路基等长、高 1.5 米的纤维网沙障，增加一道“挡风墙”。用这个方法，建设者修建了 1000 多万平方米的鱼鳍沙袋，并在沙带的网格内种植了几十万株红柳。驯服了沙子，还要化敌为友，就地取材，以沙为原料筑造路基。他们先将沙子堆砌起来，表面摊平；随后像种菜似的打上格子，在格子里注入一定量的水，让水慢慢渗入沙层；再利用平地机、压路机平整夯实。按传统方式铺路基，可以直接从取料场取土，铺到路基上撒些水，再碾压就可以了。在沙漠里，水是非常珍贵的，修建者相处办法：在取料场把土挖出几条沟，头天晚上把水放进沟里，让其充分渗透进土壤；第二天再用挖掘机取土，上路之后快速碾压，避免蒸发，用水量可节约三成。在京新高速建设中，生态环保也成为建设者们始终秉持的理念。胡杨、红柳、梭梭、骆驼刺……在荒漠中，这些并不显眼的植物称得上是自然界的恩赐。为此，建设者在修筑施工便道时，主动避让较为繁茂的植被。而为方便道路两侧骆驼、羊群迁徙，他们还专门设置了

京新高速公路临河至白疙瘩段（刘禹良 摄）

400 多座过道桥涵和 300 多公里的环保隔离栅。要知道，普通涵洞有 1 米高即可，而动物迁移通道的高度需达到 2.5 米才行。

著名诗人王维的千古名句“大漠孤烟直，长河落日圆”写的就是额济纳，“千年不死不倒不朽”的胡杨成为这里独特的象征和符号，“神舟”号飞船、天宫二号卫星等都在这里发射升空。有了这条路，额济纳开始焕发生机。

俯瞰京新高速公路临白段（黎波 摄）

（三）穿越新疆大沙漠

中国公路建设者进军沙漠高速公路的步伐没有停歇。新疆广袤的大地成了另一个主战场。新疆的山川辽阔壮观，但也险阻重重。在这里建设公路，就是不断创造人类工程的奇迹。早期的独库公路、G219新藏公路，后来的中巴友谊公路、京新高速公路，建设者付出坚苦的努力、巨大的牺牲，成就了伟大的事业。在这一小节我们重点描述新

库车至阿克苏高速公路（中交一公局 供图）

疆的沙漠高速公路。今天的高速公路建设者在续写辉煌，同时也和他们的前辈一样付出巨大努力，历经艰难险阻。这是公路建设者的宿命，也是使命。

库车到阿克苏高速公路是近年建设的一条沙漠高速公路。这是新疆第一个采取设计施工总承包的项目，也是交通运输部确定的总承包示范性工程，2009 年开工建设，2011 年建成。这条高速地处荒漠戈壁，盐渍化严重，季节温差大，水资源紧缺，水泥混凝土养生、路面基层盐胀控制难度大。设计施工总承包的特点，是全阶段勘察、设计、采购、施工的协同管理，实施过程中形成了高精度三维工程环境构件理论、方法及公路勘察设计成套技术，获国家科学技术进步二等奖。由于这里水资源极其珍贵，建设者研究出新的节水技术，混凝土养生采用了混凝土节水保湿养护膜、滴灌法和喷淋法等多种措施，解决了水资源匮乏的问题，提高了混凝土的养生质量。在昼夜温差大的情况下，建设者在温拌沥青混合料技术性能研究上提出了基于气候分区不同种类的温拌剂使用，解决了沙漠高速公路路面关键技术。高速公路施工区内有胡杨林、水库、野鸭湖保护区等，建设者为了保护生态环境，避让胡杨林，不抽用野鸭湖水。

目前，新疆乌鲁木齐到尉犁等三条线路五段公路正在建设之中。这条总长 1300 公里的公路，有超过 500 公里要穿越沙漠，沙漠地区夏季地面温度达 68℃，冬季极低温达 -40℃，无水、无电、无路、无信号，更没有人烟。沿线地下水多为盐碱水，穿越多年冻土区、塔克拉玛干沙漠腹地。在盐渍土地区修筑路基，存在溶陷、翻浆、盐胀、腐蚀等危害，路基质量控制要求高。那里施工环境极为恶劣，每年 3 月到 9 月沙尘暴频发，6 月至 9 月蚊虫肆虐。其中，天山胜利隧道全长 22 公里，是目前世界上最长的高速公路隧道，挖填土石方 1.34 亿立方米。公路要穿越天山地震带、阿尔金山地震带，近 6 年来工程周边地区已发生 3 级以上有震感的地震 150 余次。根据计划，工程将在 2023 年 7 月底完成。到那时，开车从乌鲁木齐到库尔勒，时间将由目前的 6 个多小时缩短为 3 个小时，从库尔勒到且末将由现在的 10 个小时缩短为 4 个小时，新疆南北将实现高速公路互联互通。

S254线新疆尉犁至且末公路塔克拉玛干沙漠段（黄梦文 摄）

新尉高速穿越塔克拉玛干沙漠腹地的这一段公路，是目前世界上在建的里程最长、流动沙丘分布最广、施工条件最恶劣、严寒酷暑沙尘暴频发、施工难度最大的沙漠公路。

建设者不仅要在漫漫黄沙中建成公路，还要做好防沙控沙工作。建设者采用长和宽为1米、高20厘米的草方格把沙粒一层层格挡下来。除此之外，草方格还能使地面粗糙，减小风力，并截留水分，提高沙层含水量，有利于固沙植物的存活。起伏的沙丘不能采用机械化铺设的方法，麦草方格的每一根芦苇秆都需要人工栽下去。

五、高原绝域的高速公路

青藏高原不仅可以视为中国的第一级阶梯，也可以视为世界地理上的最高阶梯。有人称青藏高原为“地球第三极”。一般认为，地球的印度板块向亚洲板块移动，两者之间发生挤压，因此在结合之处出现了皱褶断裂和抬升，这里便隆起形成世界最高的高原。1945 年中国地质学家黄汲清提出用喜马拉雅运动的概念来描述以青藏高原隆起为代表的造山运动。今天的“VR”和“P 图”等技术让我们可以清晰地看到那种令人震撼的整体隆起、高峰迭起、扭曲挤压、皱褶断裂。

青藏高原北部以昆仑山脉为主，浑圆平缓。南部以喜马拉雅山脉为主，高峰林立。南北之间还有唐古拉山脉、冈底斯山脉等。西部则是喀喇昆仑山脉的边缘。这些山脉整体上是东西走向。东部是横断山脉，是一系列转为南北走向的高山峡谷，其中就有怒江、澜沧江、金沙江，所谓“皱褶断裂”在此得以充分体现。

（一）进藏公路

新中国成立后，中国政府统筹建设内地和西藏的往来通道，经过

70 多年的努力，便有了今天的国道 109 青藏公路、国道 214 滇藏公路、国道 219 新藏公路、国道 317 川藏公路北线、国道 318 川藏公路南线。

国道 214 滇藏公路沿着历史上的“茶马古道”，从云南香格里拉进入西藏昌都，沿途景色多样，但是面临着季节性、时段性通车的难题。

国道 219 新藏公路从新疆叶城进入西藏，终点到西藏日喀则，需要跨越昆仑山脉的西段，跨越喀喇昆仑山脉的东段，然后整体向东穿行于冈底斯山脉和喜马拉雅山脉之间，也就是雅鲁藏布江及其支流流经的地域。这条线路的确定来之不易。自 1950 年开始，从新疆和田地区出发共有三次探路，一是彭清云分队，二是田武分队，三是贺景富分队。他们进入昆仑山，翻越达坂寻找通往西藏阿里的路线。“达坂”源自蒙古语，意思是“山口”。当地有这么一句顺口溜：“库地达坂险，犹似鬼门关；麻扎达坂尖，陡升五千三；黑卡达坂旋，九十九道湾”，讲的就是这里三座最著名的山口。彭清云分队探的路只修了 200 公里，因昆仑山阿什库勒火山爆发，公路建设被迫停止。田武小分队探的路，在桑株达坂遇到几乎难以克服的困难，后来只是完成了一条可供骡马翻越的便道，而且每年只有三个月可通行，西藏阿里补给时有中断。贺景富分队则在青藏公路修通到西藏日喀则后受到启发。“汽车能从拉萨找路开到阿里，能不能找条路开到新疆去？”贺景富随后探索出一条合适的线路，这基本上就是后来的新藏公路。探路如此艰苦，修路可想而知。这条路翻越 5 座大山，跨过 16 个雪山口，路经 44 条冰河，穿行众多无人区，海拔 4000 米以上的路段约 915 公里，海拔 5000 米以上的路段约 130 公里。高寒缺氧、雪山高峰、荒漠戈壁，这条路便成为世界上最为艰险的公路，修路者为此付出了巨大代价。正是这些付出，让后来者可以走近圣洁的雪山、宁静的高原湖、奇异的土林，领略千山之巅、万川之源的壮美，领略独特的藏南风情。后来，新藏公路历经多次整治改建，2012 年实现全线铺设沥青路面。

国道 317 川藏公路北线和国道 318 川藏公路南线，都是由四川进入西藏，一北一南并行，需要跨越七山六江，可谓上天入地。川藏公路从 1950 年开始，经过 11 万人的艰苦修建，北线于 1954 年正式通车。此后，筑路者又修筑了南线段，并于 1969 年全部建成通车，正式成为 318 国道的一部分。修建者以顽强的战斗意志，用铁锤、钢钎、铁锹和镐头劈开悬崖峭壁，降服险川大河。川藏公路穿越整个横断山脉的二郎山等 14 座大山，横跨大渡河、金沙江等众多江河，横穿龙门山等 8 条大断裂带。雅安市天全县二郎山，是川藏线上从成都平原到青藏高原的第一座高山，当年筑路者在修建川藏公路的二郎山险峻路段时，每公里就有 7 人为它献出了生命。受地质灾害、自然灾害的影响，这条路时有中断。从 1985 年开始，国家开始对川藏公路进行修治。不过至 1992 年，全线年平均断通达仍有 180 天左右的时间。尽管如此，川藏公路通车前，从拉萨到四川成都或青海西宁往返一次，艰苦跋涉需半年到 1 年时间，改建后的路况单程只需三天。

（二）青藏公路

我们在此重点描述青藏公路，因为这条线路条件较好，是唯一有可能建设高速公路的线路，更因为这里有一个重大的技术难题。

从青海格尔木至拉萨的路线，建设条件较好，是目前通往西藏路况最好且最安全的公路，约 1100 公里。不过，这条线始终面临着一个难题，那就是高原冻土问题，一半的路线必须经过冻土区。

高原冻土是高寒地区的特有情况，土体在冬季结冰成冻土，随温度降低发生剧烈膨胀，在路面隆起一片片冰丘，叫“冻胀”；土体到夏季又会随着温度升高而融化，路面积水，叫“翻浆”。一次次的冻胀与翻浆，路面便塌陷、下沉、变形、破裂。如果解决了冻土问题，就可以修公路、修铁路、修高速公路。能解决这个问题吗？

1950年青藏公路开工，1954年通车，但这只是一个粗通而已。1974年青藏公路开始全面改建，并将公路标准提高为二级公路，加铺沥青路面。在这里修建沥青路，是一个巨大的难题。因此，交通部同步成立青藏公路多年冻土科学研究组，以朱学文、武憨民为代表的第一代青藏公路多年冻土科研团队，登上青藏高原，一路在地上挖坑搭帐篷，一路观测高原冻土。十余年间历尽千辛万苦，完成了《青藏公路多年冻土地区黑色路面修筑技术》，并获1987年国家科技进步一等奖。依托这些成果，中国建成了穿越高原冻土区的二级公路标准的公路。按照中国标准，二级公路是连接政治、经济中心或大工矿区等地的干线公路，或运输繁忙的城郊公路，一般能适应各种车辆行驶，昼夜交通量为3000—7500辆。这是人类筑路史上第一条高寒冻土高速公路。无数次上下高原，交通部第一公路勘察设计院高级工程师武憨民的呼吸系统严重受损，被肺癌击垮了身体。1985年8月，青藏公路全线黑色路面铺筑工程基本竣工，大大提高了运输效率，行车时速由每小时20公里提高到60公里。

第二代青藏公路多年冻土科研团队代表章金钊、汪双杰接过了新的任务。沥青路面等于在冻土上加了吸热器，降低了冻土的稳定性，因此需要探索工程病害的解决方案，延长道路使用寿命，确保路基的稳定性。中交一公院寒区道路工程研究所所长章金钊是武憋民的徒弟，他刚开始因患有胸膜炎不适合去青藏线工作，1988 年胸膜炎刚刚痊愈，

青藏公路黑色路面修筑技术获国家科技进步奖一等奖（中交一公院 供图）

升级后的青藏公路（中交一公院 供图）

他便收拾行李去了青藏线，随后长期投身于冻土研究。他们的研究成果《多年冻土青藏公路建设和养护技术》解决了冻土公路的建设和养护等基本问题，并在 2007 年再次获得国家科技进步一等奖。这些研究指导了青藏公路后续的整治扩建，并支撑了青藏铁路的建设。没有青藏公路 50 多年的建设和 30 年的冻土研究，就没有今天的青藏铁路。

在时任中交一公院总经理汪双杰的带领下，陈建兵、刘戈等第三代青藏公路多年冻土科研团队已经成长起来。他们的目标是研究如何在高原冻土上建设高速公路。难题是，高速公路路面更宽、更厚、车流量更大，沥青会吸收更多热量。

（三）墨脱公路

关于高原绝域的公路建设，不得不提墨脱公路。

有人说，神秘的雅鲁藏布大峡谷有一个美丽的莲花圣地，也有人说地球上最后一处秘境是探险家的乐园。这就是墨脱。在平均海拔超过 4000 米的青藏高原，墨脱县平均海拔 1200 米，周围砌着高耸的雪山，像一道巨大的屏风挡住山外的一切资源，再加一条边境线的圈围，墨脱就像在井底。区内最高峰南迦巴瓦峰海拔 7782 米，南缘巴昔卡海拔仅 155 米，短距离内相对高差 7000 多米，形成世所罕见的极端反差地貌景观。走进墨脱，几小时内便可领略到从高山寒带到热带雨林那千姿百态、丰富多彩的自然景观。它也是中国交通最不便利的地方，人称“高原孤岛”。墨脱公路建设历经半个世纪，对公路勘察设计建设来说，这里是“地质学的百科全书，世界地质灾害的博物馆”，山体滑坡、塌方、泥石流、雪崩、冰川、水毁等自然地质灾害遍布其境。

20 世纪六七十年代，中国两次尝试修建墨脱公路，均告失败。1994 年，一条简易公路修进墨脱，第二天大部分路面毁于暴雨和泥石流。1998 年，西藏再次修复简易路，两年后遭遇山体滑坡，全线被冲毁。随后，墨脱公路建设搁置。但中国从未放弃修建墨脱公路的计划。2001 年，交通部和西藏交通厅委托中交二公院进行墨脱公路的可行性研究。前人的研究成果提示，进入墨脱可能的路线方案有八个。二公院广泛调查研究后初步遴选出三个方案作为这一次重点研究的路线方案。2001 年 6 月，二公院开始墨脱公路工程可行性研究，23 名成员第一次前往墨脱。勘察团队到海拔 3800 米的草甸区，公路被滚石掩埋，汽车不能再往前开，前面的 400 多公里行程只能靠两条腿走过去。海拔 4300 多米的嘎隆拉雪山，体力好的人上升 20 米休息一下，体力一般的人上升 10 米甚至 5 米就得停下来喘一口气。错拉隧道在亚热带丛林，古木参天，死亡的大树横七竖八地倒在地上，腐殖质散发着刺鼻的气味，行走十分艰难，队员们不是足陷泥沼，就是一脚踏空。桑作沟是一个蚂蟥世界，林中蚂蟥铺天盖地，尽管队员们一路躲闪，还是无济于事。队员们的鞋上、护腿上、帽檐、领口、袖口，不知爬了多少只，个个身上黑乎乎的一大片。更危险的是，沿线多处山体不稳定，随时都有发生滑坡、塌方和暴发泥石流的可能。第一次进墨脱，历时 3 个月，徒步穿行雅鲁藏布大峡谷 34 天，行程 440 公里。

随后 10 年，二公院设计团队十几次进入墨脱。爬雪山、涉冰河、滑溜索、穿原始丛林、过泥石流乱石滩，战胜了饥饿、寂寞和死亡的考验，用双脚在“高原孤岛”上一次次踏勘，一步步探索。中交二公院原副总工程师、墨脱公路专家组组长何天牛，随后每年至少要去一次墨脱，从 2001 年到 2009 年底去世前，他共去过 12 次，每一次徒步考察历时一个多月，晚上住帐篷，饿了啃压缩饼干，经受无数次蚂蟥叮毒虫咬，烈日晒、暴雨淋更是家常便饭，甚至面临生命危险。8 年来，他带领项目组把能够进入墨脱的线路由最初的 7 条筛选至 3 条，最后又优化为 1 条，其中对最有可能的 3 条线路都进行了徒步实地考察。

墨脱公路屡建屡毁，除了恶劣的自然环境之外，勘察设计和施工技术的落后也是一个很重要的因素。因此，高科技的应用成为墨脱公路勘察设计的一个前提条件，也是保障墨脱公路勘察设计质量的重点。在墨脱公路项目进行过程中，运用了国家重点科技攻关项目“GPS、航测遥感、公路 CAD 集成技术开发”技术成果，将卫星遥感、地质判释等国内外领先的科学技术应用到实际工作中。为了研究应用这些高科技，研究团队连续三年穿越墨脱，实地进行大量试验、分析，一去就是三个多月，行程 1500 公里，10 次翻越海拔 4300 米的大雪山，采集了两个路线方案 1200 平方公里、340 幅图像，生成了 1:10000 地形图和数字地面模型，并开展了一系列深层次的遥感地质应用研究，开创了中国航天技术应用于特别困难复杂地区公路工程建设实例的先河。

2013 年 10 月 31 日，西藏墨脱公路正式全线通车。至此，中国最后一个不通公路的县——墨脱县与外面的世界连通了。

（四）高海拔高寒地区高速公路

进入 21 世纪，交通运输部已先后组织或支持开展了 20 多项有关高海拔地区公路修筑技术项目的研究。2010 年前后，中国高原冻土高速公路建设技术取得了重大突破，其研究成果支撑指导了青海共和至玉树高速公路的建成通车。

青海共和至玉树高速公路作为在青藏高原多年冻土区建设的首条高速公路，被称为高海拔、高寒、高速“三高”公路。路线全线穿越冻土区，其中穿越多年冻土区里程约 230 公里，占路线总长的 36 %。科研人员充分调研青藏公路整治工程中关于多年冻土处置试验段效果，消化吸收多年研究成果，针对多年冻土公路施工，为共玉高速“量身定制”新技术、新工艺。比如，通风管路基、片石路基、块石路基

共和至玉树高速公路（中交一公院 供图）

帮助“通风换气”，黑色防护网遮盖工艺、XPS 隔热板路基来“隔离遮盖”减少吸热，温热棒路基等“热量传导”技术促进散热。

三代人近五十年，中国公路建设者终于彻底突破了高原冻土的极限，建成了世界上第一条高海拔高寒多年冻土区高速公路。这条长 230 公里、时速 80 公里的高速公路建成通车，意味着中国人在世界上首次攻克了在大尺度聚热、厚层承重路面结构储热、黑色沥青面层强吸热三大效应叠加的环境下，宽、厚、黑高速公路路基稳定的问题。这是一个复杂的技术体系，我们无法用简单的语言描述。如果凝聚成一句话，就是人类可以在不对环境产生较大影响的情况下在冻土区大规模建设高速公路。

依托这些研究和成功实践，汪双杰和他的同事完成了国家科技支撑计划——“高海拔高寒地区高速公路建设技术项目”，并通过专家组验收，标志着中国青藏高原冻土区高速公路建设有了技术支撑。在《国家公路网规划》中，以北京为中心的 7 条高速公路射线，6 条已经建成，只有京藏高速公路格尔木至拉萨段悬而待建。青藏高速公路（格尔木—拉萨）前期建设研究工作已经启动。

汪双杰的另一个身份是青藏高速公路设计的总负责人。他说：“这么多年，我们一直探寻高原冻土的奥秘。它什么条件下会融化，一年四季如何变化，多年来是什么变化趋势，能不能在冻土上修沥青路甚至高速公路？从 20 世纪 70 年代开始，每揭开一层它的神秘面纱，我国的冻土公路技术就前进一步。”

相比于普通公路，高速公路的路面尺度更大，吸热量会大幅增加，而原有的导冷阻热措施效果会大打折扣。一增一减，传入冻土的热量会成倍增长，对路基稳定性造成不可估量的影响。因此，虽然已有近50年的研究，但对青藏高速公路的技术储备还在进行中。

2014年，交通运输部组织实施的“高海拔高寒地区高速公路建设技术”项目已经有了不少成果。这个研究课题仍然由中交一公院牵头，以青藏高速公路建设为研究对象，从选线规划、建设模式、安全设计技术标准、路基变形控制、环境保护和冻土监测预警等多个方面开展联合攻关。从路基来看，热棒、通风管和片块石成为典型的结构形式，正在不断地建设和试验之中。这三种路基对于保护冻土各有优势，都基于同一原理——阻止外界热量传入、增加外界冷量导入冻土中。

汪双杰说，修筑试验路可以像“绣花”一样做得很精细，但技术一旦大规模应用，施工工艺就成为关键问题。例如，路面摊铺和碾压，几百米到几千米的试验路段可以用合适的机械细致操作，在科研人员的监督下，质量能得到保证；但如果是几十公里的路，就需要大量的混合料和大型机械。高原风大，混合料中的热量会很快被风吹走，这种情况下，铺筑质量如何保证？所以下一阶段要研究的，是建设冻土区高速公路中的大规模生产施工工艺。

或许，用不了太久，高速公路将会连通拉萨和北京。

第二章

耀眼地标
——中国桥梁

桥梁所实现的跨越是人类世界最珍贵的精神之一。在东西方文化中，桥的象征意义是少见的一致。为了抵达对岸那渴望已久的陌生世界，为了携手开拓广阔而神秘的未来，为了消除隔阂和分歧，为了传递此岸和彼岸的情感和思考……

无论如何，我们已经无法考证人类的第一座桥梁，或许是一棵倒下的大树，或许是一块坍塌的石块。在中国历史上，第一座文字记载的桥梁是建于商代的“钜桥”。随后，各种类型的桥梁不断出现，但是，限于材料和技术，人们无法在跨度上实现更大的突破，因此将更多的精力放在桥梁的外观和强度等方面上。

毫无疑问，桥梁发展史，就是人类追求桥梁跨径不断增大的历史，也是桥梁类型不断推陈出新的历史。

一定意义上来说，桥梁也是一个国家科技水平和综合国力的标志。中国桥梁发展犹如一道长河源远流长，古代中国的桥梁建设曾取得过辉煌的成就，中国桥梁建设技术曾对世界产生过深远影响。现代桥梁的几种基本形态，都可以在古代中国找到雏形。中国的石拱桥赵州桥更是享誉世界，其跨径达到 37 米。中国在公元 600 年就建造了跨径约 60 米的铁链吊桥。从 13 世纪起，中国科技就开始停滞不前，神州大地上全是以木石为原料的梁桥和拱桥。

西方由于工业革命带来了技术进步，以英、法为代表的欧洲国家将桥梁建设推进到前所未有的水平。1779 年，英国建成了一座跨径 30 米的铸铁拱桥，不过其跨径还无法超过世界上著名的石桥。1877 年，法国和葡萄牙建设了一些主跨超过 100 米的铁拱桥。这个时候，钢材大量用于铁拱桥的建设。20 世纪 20 年代，澳大利亚和美国建成了超过 500 米的铁拱桥。

1931 年是人类桥梁建设的一个里程碑——首次跨越 1000 米。不同类型桥梁的跨度在这一年分别实现了巨大的突破。以美国开国总统乔治 · 华盛顿命名的 1067 米悬索桥是人类首次建造的一跃跨过 1000 米的结构物，也成为纽约市的一大景观。虽然经历了大萧条，但这座大桥迅速而顺利地建成。唯一受影响的是，原来计划用混凝土把钢塔包起来，以营造一种类似凯旋门那样庄严的桥塔，但由于资金不足，这一计划没有完成，反而形成了一种新的钢铁骨架之美。

华盛顿大桥直接推动了比它更长更有名的旧金山金门大桥的建设，后者跨过了一道海峡。但因为太平洋的波浪和潮流，在海峡中建设主跨 1280 米的金门大桥却远远比建设华盛顿大桥困难，施工方案不断被修正，工期也大幅延长。1937 年，美国人还是建成了这座大桥。这座红色的大桥也成为美国人很长时间内的骄傲。在此后相当长的时间里，大跨径悬索桥几乎都集中在美国。

金门大桥完工 27 年之后，美国境外首座跨径超过 1000 米的悬索桥在英国开通，女王自豪地出席了通车仪式。随后，英国人设计出轻巧的翼形箱型梁，并成功应用。这是悬索桥的一次重大变革，梁的钢材用量大幅减少，大桥成本也有所降低。

第二次世界大战以后，随着德国的复兴，斜拉桥开始兴起。德国桥梁工程师对斜拉桥结构体系的研究，为现代斜拉桥的诞生和发展奠定了理论基础。而且，德国人也开始用理论指导实践。1953 年，德国承包商承建了瑞典的斯特罗姆松德桥，这是世界上第一座现代斜拉桥。随后近 30 年里，以德国工程师为代表的欧洲建桥精英在斜拉桥桥面、悬臂施工、拉索等方面不断创新，推动了斜拉桥的鼎盛发展。

日本作为一个岛国，更需要大型桥梁，而且强劲的经济发展使日本国民有了建设超大型桥梁的基础和雄心。20 世纪 90 年代以来，现代桥梁建设的重心转移到这里。接过了现代桥梁发展的大旗，日本在悬索桥和斜拉桥上的建设成就代表了世界最高水平。日本桥梁建设者在 20 世纪最后几年里在现代桥梁建设方面突飞猛进，无论是理论还是实践，他们都走在了世界的前列。1998 年，明石大桥在日本竣工，大桥以 1990 米的跨径成为人类建设的跨径最大的结构物。明石大桥经过长达 30 年的规划研究，日本人将它称为“梦之桥”。这确实是一个梦一样的成就。1999 年，日本建成多多罗大桥，以主跨径 890 米成为当时世界上最长的斜拉桥。

20 世纪大多数时间里，除了武汉长江大桥和南京长江大桥，中国在现代长大桥梁方面没有其他值得称道的成就。此外，这两座公铁两用的大桥在跨径上显然无法和国外同期建成的桥梁相比，这种以举国之力建设桥梁的模式也很难推而广之。中国人在 20 世纪最后 10 年开始努力追赶，终于在 20 世纪世界前 10 位的悬索桥排行榜占据第四和第五两个席位。这就是跨径超过 100 米的江阴长江公路大桥和香港青马大桥，与美国那座最早跨越 1000 米的大桥相比，晚了近 70 年。进入 21 世纪，中国桥梁建设进入新阶段，并用了 10 余年的时间，让世界桥梁界将注意力聚焦在中国大地上。2008 年竣工的苏通长江公路大桥以 1088 米的主跨改写了斜拉桥的纪录，并将此前的世界第一远远甩在身后。此前的理论界认为，斜拉桥超过 1000 米还存在很大的难度。比苏通大桥晚一年完工的主跨 730 米的上海长江大桥、主跨 926 米的鄂东长江大桥都达到了国际水平。2020 年 12 月 28 日，广西平南三桥正式建成通车，以 575 米的主跨成为世界第一拱桥。世界 10 大悬索桥的排行榜一半被中国桥梁占领。同样，一批跨海大桥的建设让中国引领跨海大桥的世界潮流。2010 年以后，中国开始建设几条重要的跨海通道，而“通道”则意味着一种跨领域、综合性的超级工程开始引领桥梁建设的趋势。

毫无疑问，中国桥梁的许多方面已经跃居世界先进水平。今天，在世界范围内，中国设计师和工程师建成了一个个超越前人的大型桥梁。在“一带一路”建设过程中，中国桥梁正在走出国门，为构建一个更畅通的世界作出新的贡献。

一、桥的关键

我们先对桥梁做一些科普性的介绍。

人们把桥梁分为四个类别：梁桥、拱桥、悬索桥、斜拉桥。这是一个能够被各方接受的划分方式。在人类历史上，他们依次出现。它们目前能够实现的跨度顺序是：梁桥最小，拱桥次之，斜拉桥较大，悬索桥最大。在现代桥梁的概念里，这四种由钢材和混凝土建成的桥梁有着各自的发展脉络。

中国工程院院士项海帆对于现代桥梁的定义是：近代桥梁工程以19世纪的钢桥和20世纪初的钢筋混凝土桥为主要标志，包括相关的设计理论以及基础工程中所采用的桩基、沉井和沉箱等技术。现代桥梁工程则在计算机技术和数值分析方法的辅助下，创造了预应力混凝土桥梁、斜拉桥、组合结构桥梁、采用各向异性钢桥面的新型悬索桥，以及60年代出现的各种工法，这些技术突破促进了20世纪下半叶桥梁科技的飞速发展。

在这个定义范畴里，可以简单描述四种类型桥梁的特点。

梁桥主要包括混凝土梁桥和钢梁桥，区别在于主要材料。混凝土梁桥以混凝土为主要材料，利用了其抗压和抗拉的综合优势，造价和维护费用较低，显然有着良好的经济性能。钢桥主要以钢桁梁桥形式

南京长江大桥是一座典型的钢桁梁桥（米金升 摄）

呈现，可以较大地提高梁的跨径，这一直是大型铁路桥梁和公铁两用桥梁的最优选择。武汉长江大桥和南京长江大桥就是典型。钢和混凝土有时候结合起来使用在梁桥上，也就是桥梁部分主体是钢，部分是混凝土。这样利用了混凝土受压、钢材受拉的性能，减轻了桥的自重。

传统的拱桥主要是利用材料的受压性来实现的。现代拱桥在形式上实现了诸多创新，根据主桥使用的材料，拱桥主要包括混凝土拱桥和钢拱桥，而桥面既可以在拱的顶部，也可以在中间和底部。如此一来，拱桥可以衍生出近 10 种类型。

斜拉桥受力结构比较复杂，因此直到现代计算手段产生以后才能够建设斜拉桥。这种年轻的桥梁形式，利用索塔上引出的拉索张拉桥梁，能够有效增加跨径。因此斜拉桥成为大跨径桥梁的有力竞争者。和悬索桥相比，斜拉桥在建设过程中抗风稳定性较差，但建成以后抗风性能较好。建设大跨径桥梁，斜拉桥的成本要比拱桥和悬索桥更低。

悬索桥虽然从受力结构方面继承了古代吊桥的原理，但是从材料来看也完全是现代工业革命的产物。它首先需要高强度的拉索，这在

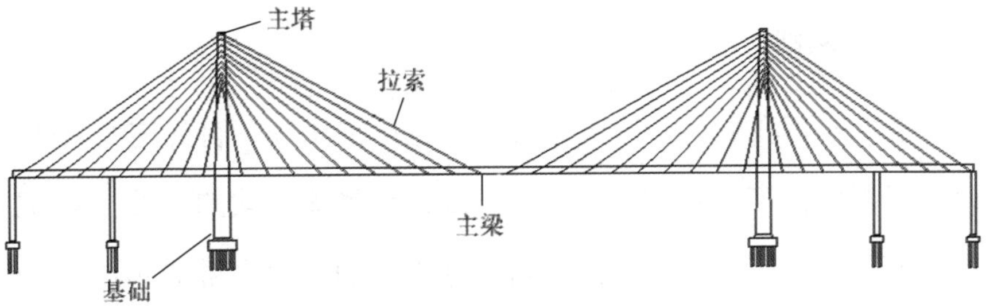

斜拉桥示意图（黄李骥 绘）

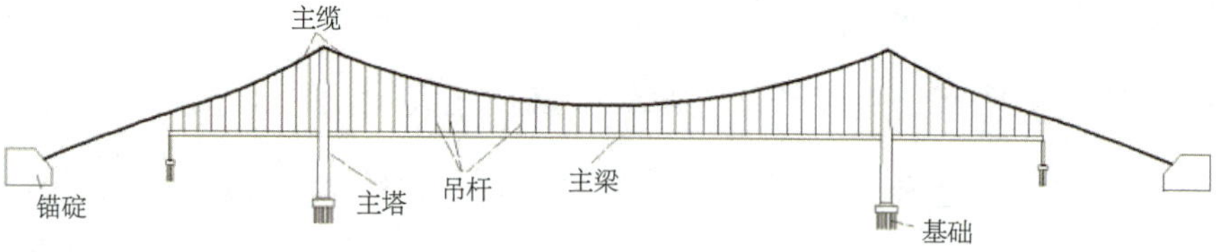

悬索桥示意图（黄李骥 绘）

以前是不可想象的。悬索桥主要由锚碇、索塔（主塔）、悬索、主梁、吊杆组成。悬索通过两个主塔顶固定在两端的锚碇上，然后依靠吊索或吊杆吊起主梁。悬索是大桥主要受力构件，由钢丝束之制成。不过悬索承受的最重负荷是自身的重量，其次是桥梁的重量，相比这两者，在桥梁上通行的汽车重量就比较小了。悬索桥是跨越能力最强的桥梁，目前世界上已经建成了几十座主跨超过千米的悬索桥。

桥梁建设是一个复杂的体现，很多专业概念解释起来颇为费劲。我们努力用图片来示意，并用简单易懂的语言描述桥梁建设的关键之处。

（一）基础

直觉告诉我们，一座大桥要飞跃宽广的水面，首先需要有两座以上坚固的桥塔。在波涛汹涌的海底，在暗流涌动的河谷，建筑师们如何竖起一座百年无恙的桥塔？这是我们观察大桥的起点，也是大桥建设流程的起点。

桥塔一般都建在水中，这也大大增加了桥梁建设的困难。

人们会非常好奇：如何在跨越 1000 米的悬索桥和斜拉桥上，建设一座如此宏大的钢或混凝土结构？这需要从主塔的水下基础谈起，而这一切都是在桥上看不见的。大多数长大桥梁水下塔基有着更多的共同点。目前看到的情况是，主塔一般都在水中，因此会从沉箱、沉井和钻孔群桩这三种方式中选择。

第一种方法是预先制作一个巨大的钢或混凝土的箱体，然后用船舶拖运并下沉到已经平整好的预定位置，然后浇注混凝土；第二种方法是制作一个无底的箱体，然后从箱体内部挖掘泥沙，这样一来沉井依靠自重慢慢下沉，工程师同时接高沉井，最后下沉至基岩，然后封底，并在箱体内浇注一定的混凝土；第三种方式要容易理解一些，在水底预定位置把大直径钢管打入直到基岩，然后在钢管内浇注混凝土，当然，这需要大量的钢管桩或钻孔桩，因此称之为群桩。

泰州大桥中塔沉井俯视（伍槩 摄）

常泰长江大桥沉井（田本灿 摄）

从技术史来看，这三种方式是次第发展而来的。美国对悬索桥的发展起到了巨大的推动作用，也推动了水下基础建设的发展，在早期的悬索桥建设中，广泛采用了沉箱或沉井的施工办法来进行水下施工。这种方法后来也在日本得到改进和广泛应用。

国内则广泛使用钻孔灌注桩群桩作为基础，这是深水基础一种较为新颖的构造结构。就像一棵粗壮的大树，有许多细细的根，深深地扎在泥土中，才能屹立不倒。群桩就是学习树的根须原理，提高了桥梁桩基础的承载力。在润扬长江公路大桥北索塔建设中，32

根直径 2.8 米的钻孔桩镶嵌到水底的基岩上。苏通长江公路大桥主塔采用了 131 根直径 2.8 米的群桩，它们深入到水面以下 120 米的地方。

而在使用沉井的地方，由于一些长江大桥所在位置较差的地质基础，中国工程师所采用的技术和工艺已经超过了世界同行，其中泰州大桥中塔的沉井就深入水下 70 米的地方。沪苏通大桥、常泰大桥都采用了沉井作为主要的基础工程。

沉井有着群桩不能替代的优势。有些地方在近百米深的地层都没有稳固的基础，因此不得不采用沉井或沉箱。

当然，在高山峡谷建设大型桥梁，主塔就不需要在水下了，因此，一般会采用更加经济的群桩方式，也就是在基岩上钻出多个孔，然后浇筑钢筋混凝土。这就完全像大树一样。

（二）承台

一根筷子容易被折断，因此群桩需要集束起来才能发挥最大作用，这就需要制作一个巨大的混凝土承台。在操作中这是一件很困难的事：要制作一座足球场大、5—6 层楼高、排水量相当于 10 万吨级巨轮的钢吊箱，并把它准确放在群桩上面，与之浇筑成为一个整体。

润扬长江公路大桥的承台是一个巨大的哑铃型结构。在施工中，首先要精确安装重 1000 吨的钢吊箱，然后浇注混凝土。它在枯水期会暴露在水面，因此要兼顾实用和美观。而苏通大桥的突破在于，建设者能够一次性将 6000 吨钢吊箱精确吊装成功。有了这一次实践，建设者甚至可以安装 1 万吨的类似结构。中国人处理巨大钢结构和混凝土结构的能力也开始超越国际同行。

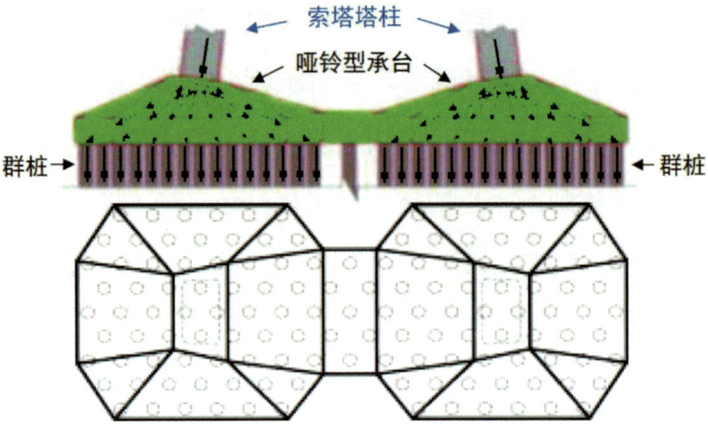

承台和群桩示意图　（《交通建设报》供图）

承台一般只是应用在群桩中。在拱桥中，需要一种可以旋转的支座，人们可以在一个较平的地方制作或安装大桥的一部分，然后围绕这个支座把它旋转到江面上，和对岸的另一部分对接起来。这是一种高难度的施工要求，往往用来建设钢拱桥。

（三）高塔

站在数百米的塔底仰望，或者在塔顶俯瞰，都是一种让人震撼的体验，现代桥梁高大的主塔往往吸引了人们的目光。但是，对于大多数建桥人士而言，出水面之后的主塔施工要比水底相对容易一些，至少一切都可以清楚地观察。

悬索桥和斜拉桥主塔要求尽可能垂直，如果主塔有一点不垂直的地方，日积月累的巨大压力会压弯主塔，造成巨大的破坏。而且，作为城市景观大桥，也要求主塔有一个漂亮的外观。混凝土主塔并不容易实现这一点，而钢结构主塔似乎更有美感。迄今为止，美国

南京大胜关长江公路大桥的钢塔（《交通建设报》供图）

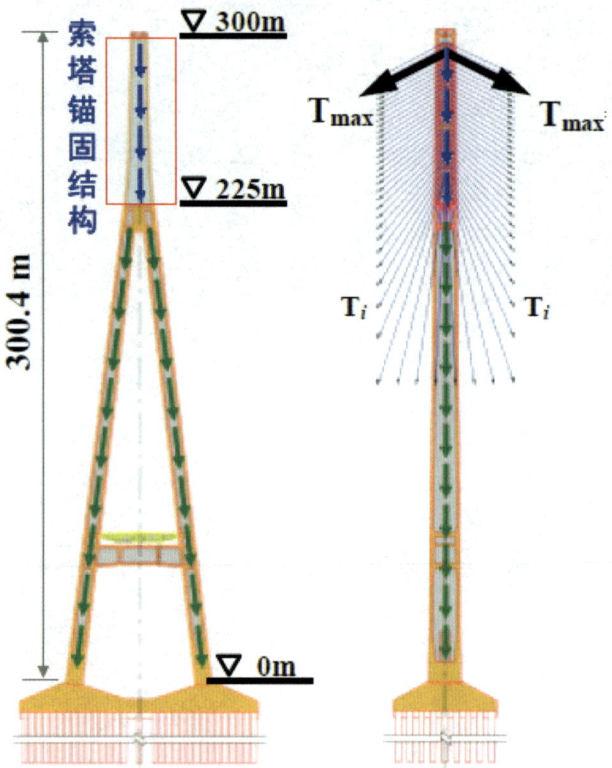

苏通长江公路大桥主塔示意图（中交公规院 供图）

和日本建设的长大悬索桥主塔都采用了钢塔，不少欧洲桥梁却有着混凝土主塔。

虽然目前中国是世界第一钢铁生产和消费大国，但中国大桥用钢结构作主塔的并不多，目前只有 2005 年完工的斜拉桥——南京大胜关长江公路大桥主塔的一部分采用了钢结构。最主要的原因是，钢结构主塔需要持续维护。

悬索桥一般需要两个主塔，在水流的两边。泰州大桥是一个特例，它采用了三塔两跨，而且也是部分采用了钢塔。

在实现相同跨度的情况下，斜拉桥的主塔要比悬索桥高一些，因为斜拉索和主塔之间的角度不能太大，否则主将塔无法提供更强大的张力。苏通大桥达到了惊人的300米。而悬索桥受的限制要小一些，只要主缆有足够的强度，对主塔的高度要求会低一些。

（四）深锚大碇

锚碇只是用于悬索桥。其原理就是，需要一个尽可能坚固、沉重的巨大锚体，拉住悬索把桥面挂起来。为此，需要在地表挖一个相当大的基坑，然后浇注混凝土成为一个整体，并安放能够固定缆索的锚固系统。

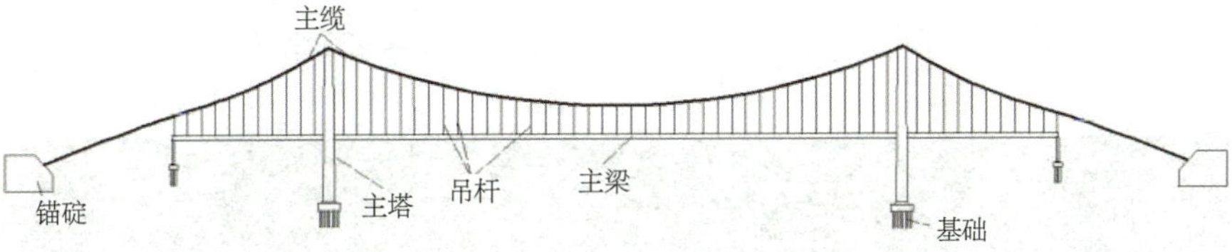

悬索桥中的锚碇（黄李骥 绘）

有的锚碇可以固定在岩石上，借助岩石来共同拉住悬索；或者在山体上挖一个隧道，来固定缆索。但是，在松软的冲积平原上，就不能借助岩石的力量了，只能靠锚碇巨大的重量来拉住悬索。长江中下游地质条件往往迫使建设者选择后一种方案。

难点往往在于，当锚碇基坑是在冲积土层或者并不坚实的岩土上时，受附近江河水流的压力，基坑存在溃塌的危险。中国长江下游往往都是这样的地质条件，而这里恰恰需要建设大跨度桥梁。因此，中国桥梁建设者在这方面实现了很多创新。

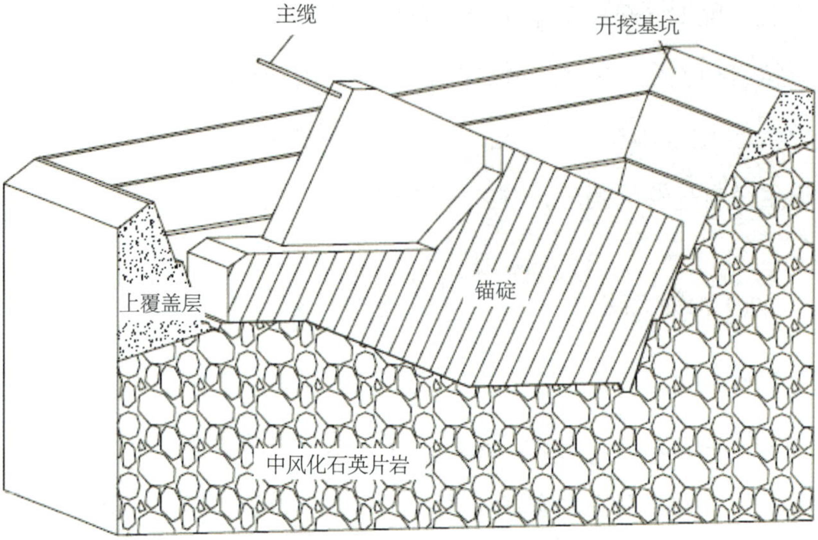

锚碇断面示意图（中交公规院 供图）

阳逻大桥锚碇示意图（中交二航局 供图）

锚碇也是一个主要的基础性工程，因此，和主塔水下基础一样，锚碇也是悬索桥建设中尽量提前的工程。它一般会在地面上展开。显然，悬索桥也需要两个锚碇，从两端拉住悬索。

（五）长索牵引

古代曾经用藤作为缆索，毫无疑问，现代桥梁的缆索需要采用高强度钢拉索，它是由许多平行的钢丝汇集成束，再由多个钢丝束集合成缆。显然，钢丝是基础，现代悬索桥钢丝一般是直径 5 毫米的镀锌钢丝。

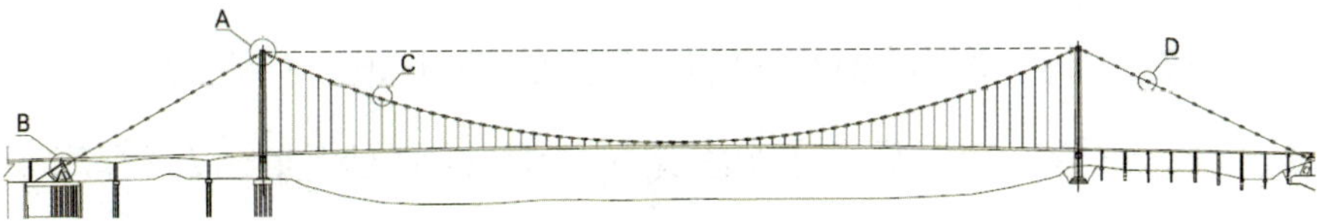

主缆示意图（中交公规院 供图）

悬索桥的主塔和锚碇完成之后，需要一个足够坚实的、能够承担全部桥面以及最大流量下车辆全部重量的绳索，这就是主缆。它需要从一个锚碇出发，从两个主塔顶端跨过，固定在另一个锚碇上。

在这张示意图中，ABCD 连起来的这条线就是悬索桥的主缆。B 点所在就是锚碇，悬索桥需要两个锚碇。A 点被称为鞍座，就是主塔把主缆撑起来的支撑点。C 点就是通过一个个竖向的吊杆吊着桥面。有时候，D 点也会用吊杆吊起桥面。

也就是说，用锚碇牢牢拴住主缆索，把主缆索挂在桥塔上，用主缆索吊住大桥桥面。主缆是悬索桥的核心，也是最显著的特征。因此悬索桥也被称为吊桥。

大跨度悬索桥的缆索总重可能会超过 2 万吨，汽车和缆索相比，就好像蚂蚁在钢丝上行走,因此有人认为超大悬索桥是支撑自重的桥梁。

大型桥梁缆索本身有三个要点：钢丝强度、架缆方式、防腐处理。超千米悬索桥兴起的时候，美国在缆索制作和架设上都有着诸多创新，20 世纪 80 年代以来，随着长大桥梁的不断发展，日本逐渐引领了大型缆索在这三个方面的技术进步。

缆索制作在一定程度上反映了一个国家金属材料技术的发展水平。早期美国以先进的钢铁制造技术制造出了能够满足长大索桥需要的钢缆索，华盛顿桥的钢丝强度达到了 1550 兆帕。但是，之后的进步却非常缓慢。在以后的半个世纪里，钢丝的拉伸强度仅仅提高了 1/30。随着新材料的问世，钢丝的拉伸强度不断提高，1998 年，主跨 1991 米的日本明石海峡大桥首次采用 1800 兆帕级超高强钢丝，使主缆直径缩小。虽然 2005 年完工的润扬大桥缆索强度达到了 1670 兆帕，但所需要的钢丝是从国外进口的。2008 年，苏通大桥使用了国产的拉索，钢丝强度达到了 1770 兆帕，中国人也掌握了这种高强度钢丝的制造技术。2019 年建成的广东南沙大桥采用了 1960 兆帕级高强度钢丝主缆索股，这是中国材料工业的一次突破。

长期以来，悬索桥主缆架设都是采用美国人发明的空中送丝法，其特点是在现场将钢丝制成钢丝束，再将钢丝束集合成主缆。1988 年，日本人在主跨 1100 米的南备赞悬索桥建设中，在工厂制作钢丝束，

贵黄高速阳宝山特大桥两根主缆包括 72 根通长索股，由 23360 根高强镀锌钢丝组成。（董晨曦 摄）

在现场集合成主缆，被称为“平行钢丝束法”，代替了传统的美国空中纺缆法，成为后来悬索桥主缆架设的常用办法。显然，在工厂预制一部分能够有效缩短时间。因此，对工程工期非常重视的中国，基本上都采用了这种方式。

钢丝缆索也面临着腐蚀的危险，因此需要有一定的防护。目前，一般会在外边加上多层保护层。但有时候某些保护层发生化学反应后反而会加速腐蚀。因此，现在开始在钢丝束之间加鼓风设备来使钢丝缆索保持干燥，一般来说，如果能将主缆的相对湿度控制在60%以下，就能减少腐蚀。1998年，日本明石海峡大桥首次采用悬索桥主缆除湿系统，能够将主缆内部相对湿度控制在40%以下。从润扬大桥开始，中国的长大悬索桥大多采用了这种技术。

因此，人们平时看到的大桥中，有很多设备都在日复一日地运转。鼓风机需要日复一日地为钢丝缆索输送干燥的空气。

（六）吊杆和拉索

吊杆在斜拉桥、悬索桥甚至拱桥上都有应用，拉索是柔性的，吊杆是刚性的。它的作用是连接大桥主要受力结构和梁，有着不同的表现形式。

悬索桥本身就是一个柔性结构，因此较多采用拉索。拉索把梁悬挂在主缆上，互相平行。

大型斜拉桥也基本上采用拉索，从索塔顶部辐射引出或者从主塔平行引出，张拉梁。

悬索桥和斜拉桥的拉索还有一个容易忽略的威胁——风雨震颤。

因此，人们逐渐采用新的设计来消除这个威胁。1995年，法国诺曼底斜拉桥拉索采用螺旋线表面，并增加了阻尼器；4 年后，主跨 890 米的日本多多罗斜拉桥拉索采用凹点表面。目前，这两种手法已经被广泛应用。

斜拉桥的拉索（米金升 摄）

现代桥梁拉索大多可以更换。而且，在个别拉索受到损害的情况下，大桥仍然能够暂时承受，但是不能长时间处在这种状态下，必须立刻修复。

（七）梁

梁是悬索桥和斜拉桥理论研究较为集中的地方。尤其是在悬索桥中，由于受风的影响，梁需要在轻和刚之间找到最佳平衡点。当然，斜拉桥被认为在建设过程中的安全性稍逊于悬索桥：一个数百米的梁

斜拉桥：沙埕湾跨海大桥（李文博 摄）

长时间悬空在风中，肯定会带来很大的风险。

1940 年 11 月，风产生的过度振动摧毁了完工四个月的华盛顿塔科马大桥，这是大跨径桥梁设计和建设不得不铭记的教训，人们从此更加重视桥梁抗风研究。由于跨度太大，悬索桥综合刚度较小，抗风能力较差，而且大跨径桥梁往往在开阔水域，风的影响会变得更大，因此，桥梁的抗风能力一直是悬索桥研究和建设的重点。大型悬索桥都要进行风洞试验。

悬索桥在梁的设计上有不同的选择：加劲桁梁和箱梁。这两者都是增加梁本身的刚度，后者已经成为可以在工厂加工制作的工业化产品，因此得到了广泛应用。

今天绝大多数悬索桥和斜拉桥都采用翼形钢箱梁，这种梁轻巧但不容易变形，而且在大风情况下很少形成涡流。当然也有例外，日本明石大桥选择钢桁加劲梁，但这是一个因地制宜的选择。目前，国内大多数悬索桥的梁选择了扁平流线型的钢箱梁，这也是沿着英国人对悬索桥的梁的改进方向前进。

由此，我们需要记住两个基本概念：钢箱梁和钢桁梁。简单来说，用一个粗大的钢筋作为大桥的梁，应该是最坚固的。但是这样桥梁本身就会非常重，也很浪费。因此，人们用像箱子一样的中空钢结构来作为大桥的梁，这就是所谓的钢箱梁。进一步减少材料和自重，可能就要把钢管或钢板拼接起来作为大桥的梁，这就成了钢桁梁。当然，现代材料学的发展让人们能够在这两种基本的结构上衍生出更多的桥梁结构。

梁的制作目前基本上实现了工业化生产，首先是在工厂制作成较

翼形钢箱梁安装（中交二公局 供图）

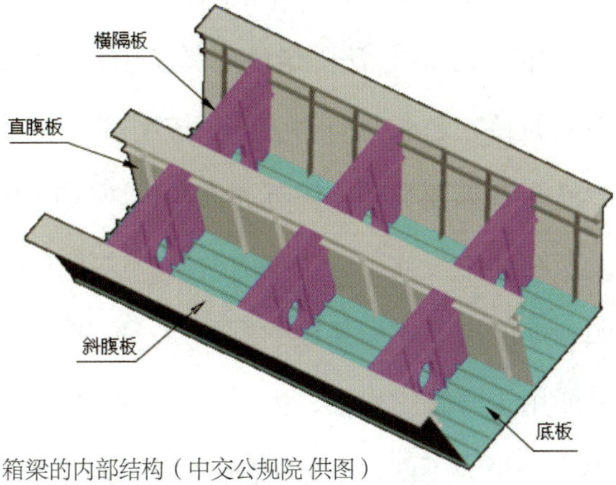

箱梁的内部结构（中交公规院 供图）

小的单元，然后运输到现场进行吊装。悬索桥吊装需要从正中间开始，依次向两边推进。斜拉桥却是从主塔附近开始，向两边延伸，主跨则是从两边逐渐合龙。

虽然钢箱梁广泛应用的原因是它有着相对较轻的重量，但目前钢箱梁设计结构却越来越大，这不仅需要大型的集中装备，也需要非常严格的工程管理。1997 年，丹麦大海带桥西桥 110 米箱梁的整体化施工中，预制件的最大重量达 6500 吨。2000 年，丹麦和瑞典联合建设的长达 16 公里的欧勒松海峡桥，需要将重 8700 吨的 140 米跨度公铁两用钢桁架梁一次吊运安装就位。

2005 年完工的润扬大桥、2008 年完工的苏通大桥都采用了形状相同的箱梁，尺寸和之前的江阴大桥差不多。现在，这似乎已经成为最成熟的方案，首先因为扁平的钢箱梁已经能够在工厂进行标准化生产。另一个方面，尤其是在中国，大量应用混凝土箱梁的优点是成本较低，而且受腐蚀的威胁较小。

在江面或者海面上施工，一个巨大的困难是悬壁，梁仅靠一个支点在水平方向上延伸，这是一个不稳定的安装过程，水面的风可能会吹垮它。因此，悬臂施工一直是斜拉桥修建的最大威胁。在钢拱桥中，也会有这样一个阶段，区别是钢拱桥“悬”在空中的可能是梁，也可能是桁架，但危险是同样存在的。1995 年法国诺曼底斜拉桥和 1999 年主跨 890 米的日本多多罗斜拉桥在超长悬臂拼装施工控制技术方面实现了巨大突破。显然，比前两者都要长的中国苏通大桥也要遇到更严重的威胁，苏通大桥建设者在江中设立了一个临时桥墩，这等于减小了悬臂施工部分，因此顺利地度过了主梁架设的危险期。现代桥梁的箱梁越来越大，但往往只能用于开阔的水面，大型设备才能够大显身手。在高山峡谷地带，交通本身极为不便，大型设备根本无用武之地，因此人们普遍使用钢桁梁结构，也就是说，用一段段钢板或者钢管拼接 起来，形成长长的桥面。

钢桁梁吊装（《交通建设报》供图）

沪苏通长江公铁大桥首片钢桁梁安装（彭申 摄）

清水河大桥是钢桁梁悬索桥（黄继惠 摄）

（八）防腐

人们在感叹大型桥梁的壮观之外，也往往赞美它的表层色彩，因为许多大桥采用了恰当的涂装。但是，并不为人们广泛了解的是，大型桥梁的涂装并不仅仅是为了美观，而是为了更好的防护以钢和混凝土为主材的大桥主体结构不受细微且长期的腐蚀，因为靠近海洋的大桥不得不与腐蚀进行长期的斗争。而且，涂层保护的维修养护费用高昂，长大桥梁一些部位的重新涂装也有着很大的技术难度。

美国金门大桥建成 27 年后，就开始涂装以应对已经产生的腐蚀，这一涂装用了 28 年时间。日本一些桥梁的涂装周期也在 10 年以上。因此，人们不得不考虑这个问题，同时也衍生了一个长久的工作岗位——大桥防腐工，需要年复一年地工作。

一种办法就是尽可能减少涂装面积，多采用混凝土结构，这要比钢结构更容易实现这一点。因此中国长大桥梁大量的混凝土主体结构面临的腐蚀威胁要小一些。在接近海洋的一些桥梁中，中国工程师开始更多地采用新型的更加耐腐蚀的混凝土。另外，箱梁要比桁架梁的涂装面积小一些。

另外，工程师们也在更加主动地采取防腐措施，通过持续的化学反应来解决防腐问题。1997 年，丹麦大海带桥西桥为保证耐久性在混凝土箱梁的配筋中预埋 450 个锈蚀传感器。2008 年竣工的中国杭州湾跨海大桥在这方面有了突破，新的防腐技术得到大规模应用，其一是通过增加混凝土的密实性，使海水氯离子难以侵入混凝土结构。而在西堠门大桥中，采用了金属喷涂层来防止腐蚀。

另一种办法是，将干燥的空气送入密封的箱梁中，有助于减小腐蚀。这种技术首先在丹麦得到应用，后来日本的许多大桥采取了这种方式，现在这已成为悬索桥主缆防腐的基本方式。

（九）防震防撞

人们在建设大型桥梁中付出了更多的心血，因此这些桥梁相对一些普通建筑有着更好的抗地震能力。在一些历史性大地震中，大桥就

杭州湾跨海大桥（《交通建设报》供图）

在距离震中很近的地方，幸运的是，一些大桥经受住了考验。例如，1989 年美国旧金山大地震并没有对附近的金门大桥造成伤害，1995 年日本兵库县大地震也没有对建设中的明石大桥产生影响。

当然，一些著名桥梁在设计之初就充分考虑了地震威胁。传统的办法是“硬抗”，也就是加强结构来抗震，但这样桥梁的造价会大大提高，而且无法从本质上消除能量。现在，阻尼器广泛用来帮助大桥抗震，它的作用就是提供一个与地震作用相反的缓冲。

在通航密集的地方，大桥需要充分考虑可能发生轮船撞击桥墩的情况。现代桥梁一般通过严密的监控系统，利用自动控制导航系统主动防止船舶撞击桥墩，同时也在主跨桥墩周边准备一圈消震设施。中国苏通大桥主墩可以应对 5 万吨级的轮船撞击。

深深的基础、高高的桥塔、长长的缆索、巨大的锚碇、看得见的宏伟结构、细致入微的技术关键，有了这些关键词，我们就可以仔细浏览中国现代桥梁建设的多彩实践。

二、跨越天堑

晚清至民国，铁路和现代桥梁技术开始传入中国。但是，中国几大水系中，长江上还没有一座桥梁，黄河、松花江、珠江上仅有的几座桥梁都是外国人设计建造的。

为什么要跨越长江？源远流长的长江灌育华夏，泽被数千年，但大江浩荡，两岸的人们也苦于无法方便往来。大江令多少雄心壮志者临水束马。渴望建设大桥飞跃天堑，是许多中国人千年的梦想。哪怕是在长大桥梁兴起以后，在长江中下游建设大桥也不是一件容易的事情，中国人面临着大跨径和深水区的双重挑战。或者说，跨越不了长江，就意味着中国桥梁建设无法实现突破。

20 世纪的前 50 年，中国曾经四次动议在长江上建设大桥，但没有财力、技术和环境能够支撑这样的浩大工程。

20 世纪 60 年代，在苏联的援助下，中国建成了武汉长江大桥，这成为千年来第一座跨过长江的构造物，是新中国的标志性工程，也是中国现代桥梁的起始。接下来，中国几乎是以举国之力，建成了南京长江大桥，它几乎成为中国人最骄傲的成就，因为南京长江大桥从设计施工到材料制造全是中国人自主完成的。这两座桥给了中国人巨大的精神鼓舞。但是，这两座公铁两用的大桥在跨径上显然无法和国外同期建成的桥梁相比，在材料、结构上只能算是现代桥梁建设的一个探索。这个时候，中国人还无法利用真正的现代桥梁技术建设大跨径的悬索桥和斜拉桥。

（一）悬索突破

在不同类型的桥梁中，悬索桥能够实现的跨度是最大的。20 世纪最后 10 年，中国终于在 20 世纪世界前 10 位的悬索桥排行榜占据第四和第五两个席位，这就是跨径超过千米的江阴大桥和香港青马大桥，与美国那座最早跨越千米的大桥相比，晚了近 70 年。

但是，香港青马大桥并不是中国人自己设计建设的，突破是从江阴大桥开始的。1999 年，江阴大桥建成通车，这是中国自己设计建设的第一座跨径超过千米的特大型悬索桥，在当时已建桥梁中居中国第一、世界第四，是 20 世纪中国桥梁工程建设史上新的里程碑。

江阴大桥建成后，中国人开始在悬索桥建设领域迅速突破，随后建成了武汉阳逻大桥、润扬大桥、南京栖霞山长江大桥等著名的悬索桥。

武汉阳逻长江公路大桥是国家“十五”重点建设项目，2003 年开工，2007 年建成通车。大桥全长 10 公里，主桥采用一跨过江悬索桥型，主跨 1280 米。设计之中，为满足主塔的功能性要求和景观需求，大桥采用了分离式 H 形空间主塔配合钢剪刀撑的方案。大桥主塔将钢结构和混凝土结构结合在一起，丰富了大型悬索桥索塔的结构形式，简单来说，就是大桥的主塔混合采用了钢筋混凝土结构和钢结构。大桥采用了超深特大型圆形地下锚碇，锚固系统可以在大桥使用过程中

润扬长江公路大桥（中交二航局四公司 供图）

润扬长江公路大桥北锚碇施工（徐付迪 摄）

进行更换。这一技术成果后来被借鉴应用于广州珠江黄埔大桥、南京栖霞山长江大桥、舟山西堠门大桥等大跨悬索桥建设中。

润扬长江公路大桥连接江苏境内的镇江市和扬州市，大桥 2000 年开工建设，2005 年 4 月 30 日正式通车。大桥包括两座大跨度索桥，南汊主桥为主跨 1490 米的悬索桥，北汊桥为斜拉桥。这座大桥在国内首次探索使用无抗风缆索的施工猫道新技术，实现了节约成本、缩短工期和确保安全性的统一。为了防止主缆受潮腐蚀，工程师把干燥空气用泵输送到主缆的空隙中，这是中国第一次采用这种形式。大桥的施工重难点在悬索桥锚碇，基坑长 69 米、宽 50 米、深 50 米，相当于 17 层楼高、9 个篮球场大。北锚碇是“中国第一、世界罕见”，离长江大堤仅 80 米左右，洪水季节，基坑内要承受 50 米左右的水头压力，为此首次在中国公路桥梁建设中引入“带案招标”运作模式，

润扬长江公路大桥（张艳超 摄）

也就是由施工者带着工程建设方案来投标。这样一来，一方面扩大技术方案的选择范围，做到好中选优；另一方面实现设计与施工的强强结合。最后，通过地下连续墙施工与修建高压旋喷桩结合解决了难题。南锚碇采用冻结排桩法与液氮法冻结结合。“冻结”和“排桩”分别是煤炭矿行业和建筑行业广泛应用的成熟工艺，就是用混凝土排桩加冷冻的办法，在南锚基础四周形成一个坚固的冷冻壁，然后采用分层开挖、分层支护的方式，把基础中的土全部取出，再以垫层混凝土封底隔水，形成坑基。

南京栖霞山长江大桥（原名南京长江四桥）2008 年开工建设，2012 年建成通车。跨江主桥为主跨 1418 米三跨连悬索桥。这是一个复杂的首创体系，设计师全面系统研究了三跨连续的结构体系。这座大桥也面临着锚碇的难题。北锚碇距离长江大堤较近，由于锚碇是在

南京栖霞山长江大桥（中交二航局四公司 供图）

南京栖霞山长江大桥南锚碇（汪永震 摄）

江边松软的泥沙中，采用了沉井结构，沉井在建设过程中可能会出现移动或倾斜的情况。因此，这个工程在总结以往经验的基础上，采用了一些预防措施。就是在沉井壁四周焊接一些钢齿，并在沉井周围不断放入沙子，沉井下沉过程中，钢齿带着沉井四周的沙逐步下沉回填，松散的回填沙把沉井和周围的原状土隔开，有效减小井周摩阻力。也就是说，沙子起到了滚珠或者润滑的作用。南锚碇采用地连墙支护结构，通过与圆形和矩形地连墙基础的对比，“∞”形结构布置平面面积最小，最大限度节约了场地。

南京栖霞山长江大桥（杜楠 摄）

不过，这些曾经让中国桥梁实现重大突破并创造世界纪录的大桥，在短短十几年后，就无法进入这一类型桥梁排行榜的前十名了。

2019 年开工建设的江苏南京仙新路过江通道跨长江悬索桥（可能会被命名为南京仙新路长江大桥），采用跨度 1760 米的双塔悬索桥跨越长江，有望成为中国最大跨度的悬索桥，在世界范围内有望排名第三。大桥主缆采用更高标准强度的钢丝，系国内首次使用。桥塔上的横梁采用新型景观造型，突破了以往单纯的平面结构，形成全新的立体印象。

链接 世界大型悬索桥

大桥名称	主跨（米）	建成年代
土耳其 1915 恰纳卡莱大桥	2023	在建
日本明石海峡大桥	1991	1998
中国江苏南京仙新路过江通道	1760	在建
中国武汉杨泗港长江大桥	1700	2019
中国广东南沙大桥	1688	2019
中国广东深中通道伶仃洋大桥	1666	在建
中国浙江西堠门大桥	1650	2009
丹麦大贝尔特桥	1624	1998
土耳其奥斯曼加齐大桥	1550	2016
韩国光阳大桥	1545	2013

杨泗港长江大桥是武汉市境内连接汉阳区与武昌区的过江通道，是武汉市第十座长江大桥。大桥于 2014 年开工，2019 年通车 。大桥主桥长 1700 米，2 号塔底节钢沉井下水重量高达 6200 吨 ，是国内外采用气囊法下水重量最大的沉井，沉井下沉首次采用坚硬土层条件下超大沉井下沉新技术。

除了一跨过江的方式，悬索桥还可以用另一种方式实现跨越。以往主要通过增大跨径的方式来实现桥梁的超长跨越，通常有两种方式：

泰州长江公路大桥采用三塔两跨结构（张宁骥 摄）

一是采用长桥的方式，二是采用一座大跨度主桥（悬索桥或斜拉桥）和一系列长桥相结合的方式。在这两种方式中，由于长桥段每跨的跨度较小、桥墩和基础的数目较多，当跨度超过 1200 米时，悬索桥是公认的最有竞争力的桥型，所以桥梁工程师就用两三座传统悬索桥并列在一起，通过共用锚碇前后相连的办法来完成跨越。但是，这种方案需要增加中部锚碇，因此会形成诸多问题。在这种情况下，世界桥梁界开始探索建造三塔甚至多塔的连跨悬索桥。美国旧金山奥克兰西海湾大桥提出过三塔四跨悬索桥方案，意大利墨西拿海峡大桥提出了公铁两用三塔两跨悬索桥方案，但这些蓝图都没有变成现实。2007年开工、2011 年建成的江苏泰州大桥采取了一种新形式，就是三塔两跨悬索桥。

这个三塔两跨千米级悬索桥的创新意义在于，形成了多塔连跨悬索桥技术，这是世界桥梁科技前沿的原始性创新，是世界上首次建成的千米级的多塔连跨悬索桥，也是中国对世界桥梁技术的贡献。这个工程的决定性难题是中间的主塔。一般来说，大桥主塔要有足够的刚性。但是三塔两跨悬索桥从理论上来讲，使用中可能会出现一种极端情况，就是出现堵车等突发情况，所有车流集中在一边，主塔就要承受不均衡的力量，这就对中塔提出刚柔结合的要求。既不能太刚，也不能太柔。建设者找到了平衡点，建造了国内首个纵向“人”字形塔。中塔基础采取沉井工艺，这是国内当时规模最大的水中沉井基础，整个沉井基础将下沉到 70 米的深度。沉井工艺有优势，但是施工非常复杂、施工风险太大。在沉井制作、运至江中、控制偏位的过程中，稍有不慎就会彻底失败。长江最大冲刷深度 40 米，江水会在沉井下沉过程中，把基础的底掏空，极易造成重大事故。建设者在巨大的压力下，首先通过河工模型试验，研究沉井定位、下沉、稳定过程中河床的冲淤变化，为沉井安全精准下沉提供理论导向。工程师还采用一种动态监控系统，能够实时生成传输沉井姿态数据和受力数据，并通过数据分析及时调控沉井。在此基础上，突破了沉井定位着床技术、沉井接高下沉技术，安全、优质、高效、节约地建成了水中最深沉井。大桥主缆需要跨越三座高塔，也就是说，长达 3117 米的两根主缆需跨越 3 个塔，施工技术难度成倍增加。钢桥面铺装本身就是个世界性

世界首座高速铁路悬索桥——五峰山长江大桥（赵振宇 摄）

难题。这座大桥采用有别于润扬大桥、西堠门大桥、苏通大桥等特大型钢箱梁大桥的桥面结构。建设者经过上千次室内外试验，掌握了钢箱梁桥面铺装施工的成套技术。在现场，他们用细砂纸对钢桥面进行彻底打磨除锈，然后用吸尘器一块块地吸干净，用烘干机一寸寸地烘干，达到“无尘、无水、无污染”的效果后，用环氧富锌漆进行防腐处理，再涂一层环氧防水粘接层，使整个桥面光洁如镜。最后才进行沥青桥面铺装，先铺装 3.5 厘米厚的浇注式沥青混凝土，上面再摊铺 2.5 厘米厚的环氧沥青混凝土。工人在上面作业时，穿着防化服，脚戴鞋套，必须不停用毛巾擦汗，保证汗水不滴到上面。

除了公路大桥，中国人还以悬索桥的方式建设了公路铁路合用的大桥。2020 年 12 月建成的江苏五峰山大桥主跨达 1120 米，成为世界上最大的公路铁路两用悬索桥，搭载的公路、铁路车道数量和重量，都分别远超国际同类桥梁，刷新多项世界纪录。由于承载大，主缆承受拉力17万吨，实现了世界上悬索桥主缆拉力首次突破10万吨级。而沉井就是主缆拉力的承担者，大桥北锚碇沉井长101米、宽72米、高56米，相当于18层大楼的高度，面积比一个标准足球场还要大，建成后重达133万吨，是世界最大的沉井锚碇基础，为世界桥梁建设提供了典范。这里是冲积平原，地质土层以粉砂、细粉砂、粉质黏土为主，加上临近长江，若按照传统大锅底开挖下沉，沉井可能有开裂的风险。建设者创造性地提出了预留核心土开挖下沉方法。偌大的沉井施工必须一次成功，一旦出现重大失误，是不可能拔出来重新下沉的。因此，在沉井的十次接高与三次下沉的过程里，必须始终保持平稳。这一过程经历了611天，2018年，沉井下沉到位。

（二）斜拉桥领袖

斜拉桥是中等跨径桥梁的最佳选择，既能实现较大跨径，又经济。

中国斜拉桥建设从20世纪80年代开始。1982年建成的济南黄河大桥以主跨220米成为当时亚洲第一大斜拉桥。1993年建成的杨浦大桥以主跨602米成为当时世界最大跨径的斜拉桥。21世纪初，南京八卦洲大桥和大胜关公路大桥的建设为中国斜拉桥建设储备了更深厚的技术体系。在此基础上，中国桥梁建设在世界上第一次实现了斜拉桥的千米级突破。

南京在长江上的桥梁建设或许是一个继承创新的典型案例。20世纪60年代，中国人在学习武汉长江大桥的基础上建成了南京长江大桥，从此开始了现代桥梁建设的探索。南京的几座长江大桥均位于长江下

链接 世界大型斜拉桥

大桥名称	主跨（米）	建成年代
中国江苏常泰长江大桥	1176	在建
俄罗斯岛大桥	1104	2012
中国江苏沪苏通长江公铁大桥	1092	2020
中国江苏苏通长江公路大桥	1088	2008
中国香港昂船洲大桥	1018	2009
中国湖北武汉青山长江大桥	938	2021
中国湖北鄂东长江大桥	936	2010
中国湖北嘉鱼长江大桥	920	2019
日本多多罗大桥	890	1999
法国诺曼底大桥	856	1995
中国安徽池州长江大桥	828	2019
中国湖北石首长江大桥	820	2019
中国江西九江长江公路大桥	818	2013
中国荆岳长江大桥	816	2010
韩国仁川大桥	800	2009
中国上海长江大桥	730	2009
中国上海闵浦大桥	708	2010
中国江苏南京大胜关长江公路大桥	648	2005
中国江苏南京八卦洲长江大桥	628	2001

游水面宽阔、水深且水流湍急的河段，主桥跨度均大于600米，设计施工难度很大。其中，2001年建成的南京八卦洲长江大桥在大跨度扁平钢箱梁、超长拉索及防风雨震等方面均有重大创新。2005年建成的南京大胜关长江公路大桥在国内首次采用曲线形钢塔和创新的深水基础，只用了短短26个月便建成通车。从外观来看，大胜关公路大桥的主塔形成了一种柔美的曲线。南京栖霞山大桥为千米以上悬索桥，具有创新的结构体系、锚碇结构和主缆防腐系统。南京江心洲大桥的创新之处在于采用了钢和混凝土组合的结构，这个方案是世界首创，但也是从八卦洲大桥、大胜关公路大桥以及其他桥梁建设中逐步积累、传承而来。南京和燕路过江通道主缆可能采用更高标准强度的高强钢丝。每座桥均根据各自特点有重大突破和创新，为中国大跨度桥梁建设谱写了光辉的篇章。这背后是中交公路规划设计院的技术传承与创新。1989年毕业的崔冰，工作30年，主持设计八卦洲大桥南汊跨江主桥、大胜关公路大桥、栖霞山大桥、江心洲大桥。通过一座座桥梁的设计、建造及使用过程中的经验总结，为后续设计更完美的桥梁奠定了基础。在他看来，桥梁设计首先是综合考虑各种建设条件来选择结构物，其次是如何规避难题和解决问题，最后是与时俱进加以创新。

2008年建成通车的苏通长江公路大桥主桥为1088米的斜拉桥，成为人类历史上首次以斜拉桥形式突破千米的大桥。为此，大桥设计伊始就提出了“技术先进、安全可靠、适用耐久、经济合理、美观协调”的设计目标。设计总负责人张喜刚和他的团队开展了结构体系研究、钢箱梁创新设计、斜拉索创新设计、抗风和抗震设计等十几项创新设计。2019 年张喜刚当选中国工程院院士。苏通大桥的成功建成标志着中国桥梁建造技术达到新的水平，大桥建设者首次在千米级斜拉桥施工过程中采用几何控制法，对索塔钢锚箱、钢箱梁、斜拉索制造和安装进行了全过程施工控制，形成了完整的施工控制系统，控制精度优于设计要求，为千米级斜拉桥建设中几何控制法的进一步应用提供了借鉴。最终，苏通长江公路大桥创造了最大主跨、最深塔基、最高桥塔、

建设中的苏通长江公路大桥（中交二航局四公司 供图）

最长拉索四项桥梁“世界纪录”，实现了世界斜拉桥的“千米跨越”，形成了许多在国际桥梁界有影响的自主创新成果，成为中国从桥梁大国向桥梁技术强国迈进的标志性工程。

与之同时，中国在长江上建成了一批大型的斜拉桥，如湖北鄂东长江大桥、湖北荆岳长江大桥、湖北沌口长江大桥、江西九江长江大桥、安徽芜湖长江公路二桥、上海长江大桥等。

湖北鄂东长江大桥是中国湖北境内连接黄石市和黄冈市的过江通道，也是国家高速公路网（G45、G50）的关键节点。大桥 2010 年建成，为主跨 936 米的斜拉桥。它在当时也是一座极具挑战性的工程。桥梁设计师在大桥设计阶段提出 16 项专题研究，建设中要解决建桥史上十大关键技术难点，最后形成四项世界级科技创新。在主塔 6 号主墩桩基钻孔施工中，当钻孔深入地下 38 米时，遇到了近 20 米厚的安山岩，这是一种高密度、高强度的岩石，其抗压强度高达 255 兆帕，当钻机进入这一岩层时，每小时钻进尺度只有 2 厘米，仅是常规速度的四百分之一。一批专家为大桥桩基施工的关键性技术难题把脉，经反复实验，采用质地坚硬的合金钻头钻孔加“泥浆分类施工法”工艺，使每根桩桩基成孔周期由 80 天缩短到 30 天左右。这是首次将“全寿命”理念应用于特大型桥梁设计、建设、运营的整个寿命周期，系统提出了大桥全寿命周期成本构成和计算方法等。

湖北沌口长江大桥是湖北武汉市的第九座长江大桥，也是武汉市四环线的重要组成部分。沌口长江大桥2014年开工，2017年通车运营。跨江主桥长 1510 米，主跨为 760 米钢箱梁斜拉桥。长江大桥多数设计为双向 6 车道，但这座大桥桥面宽 46 米，为双向 8 车道，在建成

沌口长江大桥（徐付迪 摄）

之时就是长江上最宽的大桥。大桥主要走货运，将货运快速通道从武汉三环外移到四环，对缓解武汉过江交通压力发挥了重要作用。大货车载重要远高于客车，因此，这座桥的荷载能力要比普通高速公路高出 30 %。“宽幅大跨、重载交通”的特征带来了技术挑战。作为长江上首座 8 车道高速公路大桥，在设计方案提出之初，众多专家对可能出现的一个新问题提出了担忧，就是车辆通过桥梁时，桥梁内部的受力分布可能不均匀，因此理论设计和实际情况可能会出现偏差。也就是说，由于桥梁更宽，其设计计算会更加复杂。设计团队进行了深入研究并提出了应对措施。

2013 年建成的江西九江长江大桥是福州至银川高速公路的重要组成部分，主桥为主跨跨径 818 米的双塔混合梁斜拉桥。主桥南塔基础中心线距离九江永安堤外肩仅 32 米，在同类桥梁中，距长江大堤

上海长江大桥（中交二航局四公司 供图）

最近，对防洪大堤稳定性有很大影响。永安堤地处长江防洪危险地段，大桥南塔的基础设计和施工必须确保大堤安全。

上海长江大桥可能是长江下游最接近出海口的桥，它和上海长江隧道组成了上海长江隧桥工程，是国家重点公路建设规划中上海至西安线的重要组成部分。大桥主塔为国内首例无横梁弧形独柱塔，塔高212米，桥面钢箱梁是当时世界上最大跨径的分离式双主梁钢箱梁，钢箱梁与临时支架的锚固技术为国内首创，主塔施工中弧形轨道液压爬摸装置是最新的桥梁施工工艺。长江口航道、河势、水文、地质条件复杂，强风、潮汐影响频繁，建设者顽强拼搏、奋勇争先，仅用33个月就完成了主桥主体工程施工，比计划工期提前了9个月。大桥于2009年建成通车。这座桥让中国第三大岛崇明岛从此与大陆实现“陆路”相接，结束了崇明岛1300多年来没有陆路通往上海市区的历史。

但是，这些桥梁也在近两年被后来者赶超。在长江中游，湖北石首长江大桥于2019年9月建成，湖北嘉鱼长江大桥于2019年11月建成，湖北武汉青山长江大桥2021年建成；在长江下游，安徽池州长江大桥于2019年8月建成。这些大桥在主跨上已经达到世界领先水平。

湖北石首长江公路大桥位于中国湖北省，连接枣阳市与石首市。大桥通车前，1975年开通运营的三义寺气渡，是石首城区唯一的过江通道；大桥通车后，替代三义寺气渡成为新的过江通道，过江时间由1小时缩短为5分钟。这座桥连通二连浩特至广州高速公路（国家高速G55）、上海至重庆高速公路（国家高速G50）、杭州至瑞丽高速公路（国家高速G56）。主桥为双塔双索面混合梁斜拉桥，全长1445米，

石首长江公路大桥（李龙康 摄）

池州长江公路大桥（王力 摄）

主跨径820米。荆江石首段常年泥沙淤积，形成了两百多米深的细沙层，曾被称为“建桥禁区”。建设团队突破软弱地层桩基施工技术、质量控制等难点，采用119米超长桩基解决了地质难题。

安徽池州长江大桥主跨是828米的斜拉桥。作为交通运输部科技示范工程，池州长江公路大桥建设团队首次在塔柱上应用了新技术。其中一个新技术是依据仿生学理念，在大桥塔身上首次引入一种新的混凝土技术，俗称“皮肤功能混凝土”，采用内外层不同性能混凝土复合技术，通过连续改变材料组分和结构，消除了内部组分界面，缓和了界面应力，形成了性质和功能呈梯度变化的新型非均质复合混凝土材料，提高了塔柱混凝土的抗裂性、耐久性和观赏性。为了达到效果，建设团队通过600多组配比试验、30余次方案讨论、20余次工艺验证，顺利攻克多项关键技术难题。在池州大桥引桥基桩建设中，首次大面积使用了新的桩基础技术，全面提升了基桩的稳定性和承载力，为根式基础在桥梁、港口、海洋风电等领域的应用提供了有益借鉴。大桥结合安徽池州市九华山特殊地域文化，在花瓶型主塔造型上融入佛手、佛珠、佛光的概念。

在长江下游，沪苏通长江公铁大桥于2020年7月建成通车，大桥主航道桥为1092米的钢桁梁斜拉桥，为建成时中国国内最大跨度的斜拉桥，也是世界上首座跨度超千米的公铁两用斜拉桥。

如果从跨径排行来看，沪苏通长江公铁大桥多多少少有些遗憾，1092米的跨径无法争取到世界第一。因为在建的同时，另一座大桥也开工了，这就是江苏常泰长江大桥。它是世界首座城际铁路、高速公路、一级公路“三合一”使用的大桥。更重要的是，它的主航道桥为主跨

正在建设中的常泰长江大桥沉井（田本灿 摄）

从这个角度更能感受到常泰大桥沉井的巨大（田本灿 摄）

1176 米的斜拉桥，这将成为世界上最大跨径的斜拉桥。两侧连接天星洲和录安洲的两座拱桥也将成为世界上最大跨度的公铁两用钢桁梁拱桥。 大桥主塔基础采用圆形沉井方式，处于江中。斜拉桥的主塔沉井承载大桥的全部压力。沉井建设似乎也是一个你追我赶的竞赛。2007 年，泰州长江大桥中塔沉井长 58 米、宽 44 米、高 76 米，被誉为“世

南京江心洲长江大桥（王昊 摄）

界第一沉井”。2014 年，沪苏通大桥主塔沉井长 87 米、宽 59 米、高 115 米，取代前者成为“世界第一沉井”。常泰大桥北主塔沉井长 95 米、宽 57.8 米米、高 72 米。

一种新的方案也开始付诸实践。类似于悬索桥一跨跨越中衍生出两跨跨越，斜拉桥也出现了三塔两跨的方案，也就是两座斜拉桥的结合。这就是南京江心洲长江大桥。它是一座三塔两主跨中央双索面轻型钢混组合结构斜拉桥，主跨跨径 600 米，两主跨可为往来船舶提供多孔、多线通航条件。这也是世界首座轻型钢混组合结构斜拉桥，创新采用了钢壳和混凝土组合结构索塔，也就是将混凝土包裹在钢壳内部，这样一来混凝土在大气中劣化的可能性就会降低。同时，钢壳与混凝土塔柱作为整体共同参与受力，承载力高，抗震性能优越，景观效果好，可有效提高索塔的结构性能和长期耐久性。这种方式采用工厂化、装配化的施工工艺，索塔建造中近 80% 的工作量是在工厂内利用机械设备制作完成的，现场仅需焊接钢壳环缝、连接节段间钢筋和浇筑混凝土，这就明显减少现场作业的强度及难度。这座桥的主梁采用了一种新的混凝土技术，减少或避免钢桥面板的疲劳开裂，并解决了钢桥面板铺装难题。这种新型混凝土桥面板具有优良的承载能力，其各项指标均不低于目前正在服役的大跨度钢混组合梁桥的常规混凝土桥面板。这一技术研究了近 6 年。

（三）拱桥复兴

拱桥是一种古老的桥型。现代斜拉桥和悬索桥兴起以来，拱桥在跨径方面的竞争力似乎不足。不过近年来的实践又充分展示了拱桥在特殊环境中的优势，既能适应环境，又能实现一定的跨度。

拱桥主要集中在长江上游，山城重庆可谓是一个典型。重庆是一座三维空间的城市，但他的交通让人感到不便。因此，重庆人一直努力用桥改变着他们的交通。重庆“桥史”也是一部重庆的发展史，桥梁已经和这座城市的发展血脉相连。重庆的拱桥曾经保持着较长时间的世界纪录：朝天门长江大桥曾是世界第一钢拱桥，万州长江大桥（原称万县长江大桥）曾是世界上跨度最大的混凝土拱桥，巫山长江公路大桥曾是世界上跨度最大的钢管混凝土中承式拱桥。

1997 年万州长江大桥建成，这是一座漂亮的混凝土拱桥，是长江上第一座单孔跨江公路大桥，全桥长 814 米，桥面距江面高 140 米，桥拱净跨 420 米。这个跨径让万州大桥一度成为世界上最大的混凝土拱桥。万州大桥代表了混凝土拱桥的最高水平，相关研究课题曾荣获年度国家科技进步一等奖，在设计计算方法、施工工艺技术、新材料应用等方面实现了创新，被广泛推广应用于国内外大跨度桥梁建设中。大桥还获得首届“中国十佳桥梁”等称号。

重庆另一座著名的拱桥是2005年通车的巫山长江大桥，这是一座钢管中承式拱桥，桥面净宽19米，主跨492米。大桥创下组合跨径、每节段绳索吊装重量、吊塔距离、拱圈管道直径和吊装高度5个世界第一，已被列为世界百座名桥。天堑长江一直是巫山经济发展的天然障碍，巫山南北两岸的经济发展极不均衡，也严重制约了巫山整体经济发展的规划布局。巫山长江大桥是“8小时重庆”主干道渝巴路的支线桥梁，通过该桥，重庆连接湖北巴东、恩施、宜昌、建始以及湖南的张家界等地。

2009建成的重庆朝天门长江大桥设计为三跨连续中承式钢桁系杆拱桥，主跨达552米，在2020年底广西平南三桥建成通车前一直是“世界第一拱桥”。这座大桥选择了个性粗犷、具有现代工业气息的钢桁梁拱桥作为主选方案。钢桁梁整体上恢宏大气，充分展示了结构的力与美。大桥主拱涂装颜色采用“中国红”，这在多雾的重庆，极具穿透力。在朝天门大桥主桥的两侧桥墩上，分别安装有2个球形支座，每个球形支座承载能力均达到1.45万吨，用以扛起近5万吨重的钢架桥。支座的球面可在一定范围内扭曲、旋转，抵抗大桥因地震、颠簸、大风、洪水等引起的外力，确保大桥100年使用寿命。朝天门大桥的钢构件全部使用高强螺栓连接，总共有100多万套，首尾相连是重庆到成都的直线距离，其中单个结点的最多螺栓数量更是达

重庆朝天门长江大桥（李魏强 摄）

到 6000 套。大桥桥面宽 31 米，采用上行公路、下通轻轨的双层设计，上层为双向六车道汽车交通和两侧人行道，下层中央为轨道交通，两侧各预留两条汽车通道。国内著名桥梁设计师杨进评价其“交通功能前所未有”。值得一提的是，2008 年 8 月，正当大桥建设一帆风顺时，桥面体系施工突然遭遇了世界性的技术难题。项目部技术人员在铺设桥面板过程中发现，大桥的主体桥面和同层的桁架出现了高达 15 摄氏度的温差。同一种材料在相同的环境下出现如此大的温差，可能导致结构发生相对运动，这将影响大桥主体结构的受力体系，这样的情况在国内外的桥梁建设中从未出现过。为此，项目部立即组织专家进

链接

世界大型拱桥

大桥名称	类型	主跨（米）	建成年代
中国广西天峨龙滩特大桥	劲性骨架混凝土拱桥	600	在建
中国广西平南三桥	钢管混凝土拱桥	575	2020
中国重庆朝天门长江大桥	钢箱钢桁拱桥	552	2009
中国上海卢浦大桥	钢箱钢桁拱桥	550	2003
中国湖北秭归长江大桥	钢箱钢桁拱桥	531	2019
中国四川合江长江一桥	钢管混凝土拱桥	530	2013
美国新河峡谷大桥	钢箱钢桁拱桥	518	1977
中国四川合江长江公路大桥	钢管混凝土拱桥	507	2021
美国贝永大桥	钢箱钢桁拱桥	504	1931
澳大利亚悉尼港桥	钢箱钢桁拱桥	503	1932

行技术分析，经过反复研究、讨论和计算，最终采用部分板桁结合的办法解决了这个难题。这一难题的成功攻克为世界桥梁建设提供了宝贵的经验和技术标准。

四川合江长江一桥 2013 年建成，位于泸州市合江县，是成渝地区环线高速公路泸渝段的控制性工程之一。大桥全长 841 米，主跨 530 米。钢管混凝土桥混合了钢管和混凝土的优点，让桥梁承重能力佳，但自重更轻。随后，合江县2016年又开工建设一座长江公路大桥，也采用钢管混凝土系杆拱桥结构，主跨跨径达507米。这是渡口改为桥梁的代表工程，建设中利用无支架缆索吊吊装、斜拉扣挂法安装主拱，糅合了斜拉桥和悬索桥两种桥型的施工工艺，用缆索吊智能化集成控制系统装主拱和桥面梁。

沪苏通长江公铁大桥是两个创纪录的大桥，主航道桥为主跨1092米钢桁梁斜拉桥，天生港航道桥为主跨336米钢桁梁拱桥。天生港航道桥是为了服务南通天生港而建造为拱桥的。为了承受6车道高速公路、4线高速铁路的巨大荷载，拱桥必须达到很高的结构强度，主梁和主拱的重量总计3.24万吨。所有这些，将集中在两个巨大的桥墩上。桥墩所在的地方是在长江下游，江底覆盖了300米深的泥沙。为了避免在水底建设超过300米的桥墩，建设团队必须在泥沙中做文章。他们在桥墩下，浇注36根深120米、直径2.5米的混凝土桩基，利用桩基和淤泥的摩擦力托住桥墩。这座大桥的最大难点是桥面安装，也就是说，建设中分别依托两个桥墩，从两头用钢结构以搭积木的方式搭起两个巨大的钢拱，而两个钢拱要在336米的高空最终对接形成一个完整的拱桥。这个对接安装偏差不能超过两毫米，必须一次到位。大桥共需要45万颗螺栓和对应的栓孔，这对两者的制作精度提出了极高要求。建设者必须依赖高精度的精工设备，打出45万个几乎一模一样的螺孔。测量人员在寒风中反复测试，采集了上万组数据，运用BIM技术，进行了数十次虚拟拼装。建设者把这个“握手”称为合龙，越到合龙的时候越危险。大桥是从两边悬臂施工到中间来的，合龙之前是双悬臂的状态，中间没有搭上，抗风的能力是很弱的，跨度越大，

沪苏通长江公铁大桥天生港专用航道桥建设现场（童作欣 摄）

迎风面越大，受到特殊天气、极端天气影响，施工风险非常大。除了风力以外，大桥内部的应力也是另一个风险所在。这就是钢结构自身巨大的重力，一旦超过结构能承受的范围，大桥随时会出现垮塌的风险，必须尽快实现合龙，以一种握手的姿态让大桥形成稳固的结构。建设者选择的合龙时间是日落之后。天黑视线不好，各工种更难配合，为什么将重要工程选在夜晚进行呢？原来钢结构会热胀冷缩，会影响合龙，因此需要在一个相对稳定的温度范围内进行，而这个时候气温最稳定，热胀冷缩最稳定。大桥于 2014 年动工建设，2017 年合龙。

（四）长江之外

除了长江，中国还有两条著名的大河。黄河是中华文明的主要发源地，被誉为中国的“母亲河”。珠江虽然略短于长江、黄河，但是水流量却远大于黄河。也就是说，黄河大部分河段都不通航，建设桥梁时基本上不用考虑为船只往来预留大的空间；珠江航运非常发达，桥梁建设必须要考虑航运。因此，在黄河上几乎没有大跨径的桥梁，而在珠江上建成了一批著名的桥梁，成为中国跨越大江大河桥梁的重要成员。其中，最为耀眼的要数珠江口的几座大桥。

1997 年在珠江口的广州虎门大桥建成通车，这条主跨 888 米的悬索桥是中国第一座大型悬索桥。虎门大桥建设之时，中国国内的大跨径现代悬索桥技术还处于空白，没有现成的施工技术标准和设计规范，诸如悬索桥的设计、抗风稳定、大型铸件、施工架设、施工控制等都需要靠中国团队自主设计、解决。通过这座大桥的建设，中国首次开发出一套完成的现代悬索桥结构分析程序，建立系统而完整的悬索桥上部构造施工监测与控制技术。这座大桥拥有 18 项国内先进技术和工艺，为后来建造厦门海沧大桥、江苏江阴大桥、润扬大桥等大跨径悬索桥提供了许多技术经验。在相当长的时间里，虎门大桥成为珠江口两岸唯一的通道，支撑着珠三角经济的快速发展。

广州珠江黄埔大桥是广州市境内一座连接黄埔区和番禺区的跨越

珠江通道，属于广澳高速公路的组成部分，也是广州绕城高速公路东环段的一部分。黄埔大桥2008年全线竣工通车，主桥段总长约7公里，北段为主跨383米的斜拉桥，南汊桥为主跨1108米的悬索桥。大桥的设计者选择了线条刚劲挺拔的斜拉桥和线条柔美流畅的悬索桥相组合，彰显着刚柔并济的和谐之美，充分展现了大桥两侧厚重的文化底蕴和灿烂辉煌的现代文明。主桥气势雄伟，索塔造型新颖，融合了古老的中国文明，抽象化的“门”字，体现了广州作为中国门户城市、改革开放前沿以及本桥作为广州海上门户通道的寓意。

在广州虎门大桥建成20年后，在它的上游10公里处，主跨为1688米的广东南沙大桥建成通车。这座大桥一度名为“虎门二桥”，后来改为“南沙大桥”。从虎门大桥到南沙大桥，从主跨888米到主跨1688米，是一个巨大的跨越。全长13公里的南沙大桥，包含两座超千米的世界级跨江特大桥，坭洲水道桥主跨1688米，大沙水道桥单跨1200米。坭洲水道桥塔高260米，大沙水道桥塔高193.1米。两座桥双跨吊悬索桥，桥型舒展飘逸，与周围环境浑然一体。此外，桥梁宽度达49.7米，为世界最宽的钢箱梁悬索桥。2009年，南沙大桥的设计面临技术突破和行业发展制约的两难境地。南沙大桥跨越的坭洲水道河宽2300米，是珠江干流主泄洪纳潮通道，同时又是10万吨级出海航道。水运部门建议采用2000米以上跨径桥梁，这样就可以减少对河道和航道的影响。但受限于当时的建设水平，许多人认为建设2000米超大跨径悬索桥还不具备条件。最终大桥设计团队选择了在河中设置一个桥塔，采用将主跨减少到1688米的两跨悬索桥方案。建设如此大跨径的悬索桥，主缆钢丝强度是悬索桥跨越能力的关键因

南沙大桥（冯珠仔 摄）

南沙大桥大沙水道桥整体景象（王滔 摄）

素。在国内，此前国产钢丝强度最高仅为 1770 兆帕。这一次，中交公路规划设计院的设计师们力主配套研发 1960 兆帕级高强度钢丝主缆索股，他们希望以此为契机来为中国建设 2000 米级跨径的大桥提供技术储备。但是，设计师们的这个主张无疑给国内冶金工业提出了一个时间紧任务重的挑战，从 1770 兆帕提高到 1960 兆帕，需要多方面技术攻关。设计团队率先完成了缆索系统设计和技术指标制定，通过两年的探索与攻关，国内所研发的钢丝强度从现有的 1770 兆帕上升至 1960 兆帕。这一成果使坭洲水道桥的钢丝用量减少了 10%。巧合的是，项目设计负责人吴明远刚参加工作时作为助理工程师参加过虎门大桥的设计，后来成长为南沙大桥的主持设计师。他认为这次跨越为国内悬索桥跨径设计提升到2000米以上做好了充分的技术储备。南沙东涌互通枢纽立交桥工程是南沙大桥全桥段的起点，需要 8 次跨越既有高速公路、6 跨高压油气管线、5 跨地铁、地下 3 条高压油气管线、1 穿既有高速公路、1 穿高速铁路以及有 11 处万伏以上高压线，被工程师戏称“86531111”工程。处在各种夹缝当中，设备架不起来，材料运不进来，建设者大开大合的功夫施展不开，全靠辗转腾挪的小巧细活。坭洲水道桥 66 节钢箱梁全长 844800 毫米，由 66 段长 12800 毫米的钢箱梁段和一段余量嵌补段拼凑而成，建设者最终把误差控制在了 7 毫米。

在珠江口还有两条著名的通道，我们在下一节讨论。

三、面朝大海

大江大河，顺流而下，面朝大海，春暖花开。这是一个时代的成果：由农耕走向蓝海。这也是中国改革开放成就的集中展现地。经过 40 多年的发展，中国形成了沿海地区先富起来的经济版图。在快速发展的过程中，这里需要更便捷的交通、更多的土地，因此就需要大型桥梁连接不同区域、连接发展中心和潜在空间。而且，这些地方有着更加雄厚的经济实力，可以支撑建设一大批超级工程。

（一）中国第一座跨海大桥

1992 年中国确定做出“以上海浦东开发开放为龙头，进一步开放长江沿岸城市，加快把上海建成国际经济、金融、贸易中心之一，带动长江三角洲和整个长江流域地区经济的新飞跃”的重大战略决策。但是上海港的码头能力已严重不足，需要更大的港口区。最终，上海选择了离大陆 30 多公里的大小洋山。这样一来，就需要一座跨海大桥连接洋山港和上海市区，这就是东海大桥。东海大桥是中国第一座真正意义上的跨海大桥，也是中国桥梁从江河走向海洋的历史性第一步，它是洋山深水港区连接大陆的一条快速交通集疏运通道，同时还担负起为港区供水、供电及通信的使命。

东海大桥处于无遮挡的外海，台风、季风、波浪和涌浪数量多强度大，每年受大风影响时间达 100 天以上，最大浪高达 13 米（超过 4 层楼高），潮差高达 5 米多，每年不连续的可施工时间仅为 180 天。在缺少大陆依托的海域中进行工程建设，只能通过船舶、平台等设备在海浪颠簸中开展工作。在这样的施工环境和现有条件下，需要打下各类基桩 9000 多根，其中最长桩 110 米，相当于 40 层楼高，直径 2.5 米。

海上打桩，是东海大桥建设的头道关键工序。东海大桥打桩工程绝大部分在远离岸边 3—30 公里的茫茫大海上进行，常规的测量仪器，如经纬仪、水平仪根本不适用。自 2002 年 6 月 26 日东海大桥打下第 1 根桩起，到当年年底仅打了 351 根。按照这种速度，东海大桥要打完全部 8000 多根桩，在 2005 年底实现通车，根本不可能。建设者发现打桩速度慢的重要原因就是桩基定位测量出现问题。

在空旷无垠的大海上，为了实现打桩的快速定位，东海大桥建设者勇闯技术难关，独创了一套“海上 GPS 打桩定位系统”，用 7 颗卫星为每一根海上桩基精准定位，最大误差仅为 1 厘米。海上定位测量创新技术的应用，大大加快了打桩的速度，东海大桥由原来每天只能完成 4 至 5 根桩，提升到最多时候每天能完成 50 根左右，2003 年一年就完成了 4700 多根桩，为东海大桥按期建成打下了扎实的基础。

东海大桥（刘群 摄）

（二）飞越杭州湾

杭州湾位于中国浙江的东北部，既是海湾也是钱塘江的入海口，杭州湾以钱塘江大潮闻名。杭州湾的湾口宽约 95 公里，自口外向口内渐狭，到澉浦为 20 公里宽，而海宁一带仅宽 3 公里。在这个喇叭口的海岸线上，分布着多个城市，它们之间需要更加便捷的通道，省去绕行这个巨大的喇叭口，特别是喇叭口一边的城市希望增加便捷的通道融入上海。2003 年 11 月杭州湾跨海大桥开工建设。

杭州湾大桥投资 118 亿元，36 公里长，是当时世界跨海第一长桥。大桥设南、北两个航道，其中北航道桥为主跨 448 米的斜拉桥，南航道桥为主跨 318 米的斜拉桥。在大桥建设中，共打下各类桩基 7000 余根。

建造杭州湾跨海大桥的消息传出之后，美籍华裔设计师杨玉裘先生曾自荐来做杭州湾大桥的总设计师，然而最后，挑起这个重任的是国内年轻的设计师王仁贵。

在杭州湾如此恶劣复杂的海域建桥，技术上是否成熟？这个宏大工程的建设，需要考虑多个全新因素的影响。这里一年中超过 7 级以上的大风天有 9 个多月，一年中能施工的日子只有 180 天。每年有 10 多次台风，台风最大风速每秒 50 米，可以瞬间掀翻千吨级大船。而杭州湾的大潮最大水流速已达 5 米 / 秒，半日潮落差高近 8 米，波浪高度最高近 7 米，波浪和海潮耦合时，对建成桥梁的冲击力巨大。这里的软土层、滩涂给海上基础设计和施工带来一系列问题。这里的海水含盐度高，加上风和水共同作用，海洋性环境的腐蚀力强大，一个新的钢管放在海中平台上只需两个月就被腐蚀得面目全非。

设计者归纳了几大难点：地处台风影响区，半日潮落差最高近 8 米，海水腐蚀严重，工程规模大，管理困难。针对这些难点，王仁贵和他的同事一一做出了针对性设计：一是提高结构、施工和桥面行车等方面的安全度；二是大桥基础的规模完全受波浪力控制而设定，并改“设计决定施工”为“施工决定设计”，来为施工提供便利；三是通过被动防腐和主动防腐进行结构耐久性设计；四是尽可能采用预制和标准化设计。

杭州湾跨海大桥（徐付迪 摄）

杭州湾嘉绍大桥（《交通建设报》供图）

根据施工决定设计的思路，工程承包商提前投资建设了专用的打桩船和混凝土搅拌船，以工业化、模块化、陆上预制等方式提高效率、确保质量。最终，工程的建成让中国建设者有了成熟的跨海大桥建设技术。

杭州湾跨海大桥在设计中首次引入景观设计的概念。景观设计师们借助西湖苏堤“长桥卧波”的美学理念，兼顾杭州湾水文环境特点，结合行车时司机和乘客的心理因素，确定了大桥总体布置原则。整座大桥平面为 S 形曲线，从总体上看线形优美、生动活泼。从侧面看，在南北航道的通航孔桥处各呈一拱形，具有起伏跌宕的立面形状。

2008 年杭州湾跨海大桥建成通车，成为国家高速公路网同江—三亚跨越杭州湾的便捷通道。大桥建成后缩短了宁波至上海间的陆路距离 120 余公里，从而也大大缓解了已经拥挤不堪的沪杭甬高速公路的压力，形成以上海为中心的江浙沪两小时交通圈。

几年后，在杭州湾跨海大桥以内，又建设了一条跨海大桥，这就是嘉绍跨江工程，连接了北边的嘉兴和南边的绍兴。嘉绍大桥桥面更为宽敞，从设计到最后规划，确定桥面宽 40.5 米，由 6 车道改成了 8 车道。嘉绍大桥是一座经典的斜拉桥，主桥由连续的五跨六塔斜拉桥组成，每跨 428 米。主桥采用的跨中设置刚性铰技术为世界首创，解决了因热胀冷缩而产生的主梁伸缩问题。2013 年，大桥正式通车，绍兴到上海的车程缩短至 1.5 小时。

（三）连接舟山群岛

20 世纪以来，浙江启动了一项浩大的工程。舟山群岛是中国最大的群岛，但受制于与陆地的连接问题，海岛经济发展受到很大影响。1999 年，舟山大陆连岛工程启动，整个连岛工程由金塘大桥、西堠门大桥、桃夭门大桥、响礁门大桥和岑港大桥等五座跨海大桥及接线公路组成。其中 2009 年通车的西堠门大桥以主跨 1650 米，仅次于主跨

1991 米的日本明石海峡大桥，位居当时悬索桥世界第二、国内第一。大桥采用主跨 1650 米的钢箱梁悬索桥一跨过海，中跨、北边跨分别跨越西堠门水道南北汊水道，塔、锚均位于岸上，规避了复杂海洋环境的影响。大桥地处中国沿海高风速带，每年 7 月至 9 月台风频繁，桥面设计基准按照百年一遇的大风来设计，颤振检验风速高达 79 米/秒，是目前世界上颤振检验风速最大、抗风要求最高的桥梁之一。同时，大桥跨越的海域水道宽 1513 米、最大水深 95 米、最大流速 3.65 米/秒，基岩和暗礁产生了多处强烈旋涡，施工难度及风险巨大。这座大桥以分体式钢箱梁为核心、五大科技创新为支撑的系统关键技术，解决了沿海高风速区修建特大跨径悬索桥的抗风安全性、构件材料强健性和施工适用性这三个核心难题。一系列新技术的应用全面提升了大桥的抗风能力。经检验，大桥的颤振临界风速达到每秒 88 米，即使 17 级台风也不会导致大桥发生颤振，西堠门大桥成为世界上抗风性最好的桥梁之一，西堠门大桥因此每年减少因风关闭时间 35 天。2009 年投入使用的西堠门大桥，每年能监测到 20 至 30 次颤振现象，每次持续时间不等，但均在规定允许的范围内。

2010 年，在第 27 届美国国际桥梁大会上，西堠门大桥以其在工程结构、美学价值、环境和谐等方面的杰出成绩获得古斯塔夫·林德撒尔奖。5 年之后的 2015 年，舟山大陆连岛工程西堠门大桥获得菲迪克（也称国际咨询工程师联合会）杰出项目奖。

舟山大陆连岛工程的另一个重头戏是金塘大桥。金塘大桥是按中国桥梁新规范体系进行设计的跨海特大桥梁，包括主通航孔桥、东通航孔桥、西通航孔桥、非通航孔桥、浅水区引桥和金塘侧引桥、镇海

舟山大陆连岛工程西堠门大桥（徐付迪 摄）

西堠门大桥夜景（盛朝云 摄）

舟山大陆连岛工程金塘大桥（徐付迪 摄）

侧引桥，海上部分长 18.27 公里。金塘大桥主通航孔桥是金塘大桥的标志性工程，全长 1210 米，主跨为 620 米的钢箱梁斜拉桥。这座桥的海底基础是超重超长钢管桩、大直径超长度嵌岩钻孔桩。多项技术有效解决了高墩身混凝土结构不易保湿养护的问题，减少了细微裂缝产生的风险，大大提高了混凝土的耐久性。

舟山大陆连岛工程还在继续，江南大桥、官山大桥、秀山大桥将几个海岛连接起来。一个可能的前景是，舟山大陆连岛工程会继续延伸，最终连接大小洋山，和上海的东海大桥连在一起。这就在浩瀚的

舟山大陆连岛工程官山大桥（徐付迪 摄）

东海海面建成一条世界上绝无仅有的跨海大桥桥带，或者说一个真正的跨海大桥，舟山或不仅是宁波的海上花园，也将是上海的海上花园。这将是世界上最为壮观的跨海大桥。

（四）城市的拓展

随着经济发展，一些沿海城市需要更大的发展空间，它们普遍开始发展一些开发区、新区等，也必然需要一批桥梁来连通不同区域。

为了优化市内交通格局，解决黄岛前湾港外贸集装箱的疏运，青

青岛胶州湾跨海大桥（王金超 摄）

岛市于2011年建成胶州湾跨海大桥，全长超过42公里，成为当时世界第一跨海长桥。青岛由小青岛、红岛、黄岛组成，青岛希望拥有更加平衡的发展，因此形成了向西边黄岛发展的战略。青岛胶州湾大桥就是要解决黄岛前湾港外贸集装箱的疏运，缓解青岛胶州湾高速公路日趋饱和的交通压力，缩小青岛、红岛、黄岛三岛的时空距离，加强主城区与两翼副城区的联系。由此，它也成为青岛至兰州高速公路的起点段。大桥所处胶州湾海域年冰冻期60天左右，年平均冻融循环50次。大桥是中国北方冰冻海区域首座特大型桥梁集群工程，包括三座通航孔桥，分别为沧口航道桥、红岛航道桥和大沽河航道桥。其中，大沽河航道桥是世界首座独柱塔、海上自锚式悬索桥，也就是取消了传统悬索桥的巨大锚碇，靠桥梁的自身重量保持平衡。

大连市为了让海湾两边不同区域沙河口区与西岗区之间有更快的

大连星海湾大桥（张吉祥 摄）

远眺星海湾大桥（田昆 摄）

交通，建设了一条跨海大桥——星海湾大桥，全长6千米，水上主桥为长460米的悬索桥。它的锚碇基础采用整体大沉箱、碎石升浆技术，能够承受主缆巨大的水平力以及地震力；主缆采用除式防腐系统结合传统防腐体系，提高缆索系统的耐久性。2015年10月1日，星海湾大桥为上演跨海大桥灯光秀，装饰共计3万盏景观灯，全部为LED全彩灯具。通过电脑操控，这些灯可以根据红、绿、蓝三原色的不同搭配和各种明暗度调节，实现超过1600万种颜色。

早在1999年，厦门就建成了湖里区与海沧区的跨海大桥——海沧大桥，主桥全长1108米，主跨长648米。这在中国桥梁建设史上是一个值得被重视的大桥。在海沧大桥建桥之初，三跨连续钢箱梁悬索桥可供参考的设计和施工文献、资料非常少。海沧大桥在建设过程中解决了连续全漂浮钢箱梁悬索桥施工的一系列技术难题，2009年被评为新中国60周年百项经典暨精品工程。海沧大桥是中国第一座系统进行桥梁景观研究与设计的特大型桥梁，从总体线形、结构造型、景观色彩等方面保证了大桥与自然环境的和谐共处。

面朝大海，春暖花开。其中最为壮观的工程当属港珠澳大桥和深中通道。可以把它们视为一种独特的混合型超级工程，我们将在后面展开描述。

四、山河之舞

桥的功能性主导了一切，人们似乎不需要桥头那充满个性的雕梁画栋，似乎不需要关于桥的风月文字；桥的技术性决定了一切，桥在很大程度上成为工业化产品，可以生产组装时速 100 公里以内、相对固定的车道，目视前方小心驾驶。宏大的桥梁就是一个宏大的叙事，车流中的人只是篇章中的一个字。因为来到大桥的目的就是尽快到达对岸。

但是，桥不能远离。在秀美山川深处，一些桥以更加直接的方式让人接触，有所感受。在这里，彩色的天地，彩色的山川，彩色的桥成为优美的舞者；在这里，我们试图拉近桥和人的距离；在这里，我们可以以某种方式直接体验。

于是，在贵州、云南、四川、新疆、甘肃等西部省区的高山峡谷中，人们开始建设美丽壮观的桥梁，这些桥和西部发展、少数民族地区发展密切相连。和跨江跨海大桥相比，这些桥有一个更为显著的特点，就是美丽。这里的大桥往往采用鲜艳的颜色，和当地的秀美山川结合在一起，形成惊艳的风景，夏日浓妆、冬日素裹。

与建设跨江和沿海的大型桥梁相比，在高山峡谷中建设大型桥梁，

俯瞰坝陵河大桥（黄继惠 摄）

一个最重要的特点是，那些大型设备几乎没有用武之地。从桥梁结构来看，往往要采取用小的结构拼接出大的结构。从桥的外形来看，主要是大量采用钢桁梁桥，几乎不能采用工厂预制的大型钢箱梁。

贵州是全国唯一没有平原支撑的省份，被绵延不绝的大山阻隔，交通一直被视为全省经济发展的瓶颈。大交通发展让贵州“天亮了”。而高速公路建设中的关键技术问题就是大桥。坝陵河大桥、清水河大桥、鸭池河大桥、赫章大桥、水盘高速北盘江大桥等一批世界级桥梁的建设，实现了贵州大交通格局。通过成功修建这一批世界级桥梁，建设者摸索出了山区复杂条件下大型桥梁建设技术体系。

远眺坝陵河大桥（陈恩光 摄）

2009年建成的贵州镇宁至胜境关高速公路坝陵河特大桥是“十一五”国家重点交通建设项目。大桥为主跨1088米的钢桁梁悬索桥，桥址位于风速强烈的高山峡谷地区和岩溶高度发育的喀斯特地貌分布区，施工极其困难。在山区大峡谷修建超过千米跨径的钢桁梁悬索桥，当时在国内外尚属首次。建设者针对山区深切峡谷特大跨径悬索桥设计、施工关键技术进行研究，取得3个大项10个子项的一系列创新成果，形成了一套确定山区深切峡谷桥梁设计风速的方法。

2015年底，贵州清水河大桥建成。高山架桥，难度可想而知。在清水河大桥的建设中，建设团队的驻地位于海拔1500米的山顶，四面环山，进场施工便道蜿蜒盘旋，仅3公里的正线就累计修建便道23公里，这才保证了项目2.4万余吨钢材、18万立方米混凝土原材料、16米长大型杆件和重货被顺利运送到现场。架设三个蓄水池所用的砖材只能靠马驮，每块砖2公斤，一匹马一次只能驮40块砖，一天跑两趟。有两次马匹在运送砖石中失足滚到北盘江里，运输的艰险程度可见一斑。为保证项目用电需求，重达1吨多的变压器只能由32个人用最原始的撬棍历时一个月时间运送到指定的位置，建设者又耗时三个多月架设起近百根电线杆。这是国家高速公路网规划中银川至百色（G69）在贵州境内贵阳至瓮安高速公路上的关键工程。大桥主跨1130米，不仅是目前世界单跨跨径最大的板桁结合梁悬索桥，也是目前贵州跨径最大的悬索桥。桥面至谷底深达406米，从大桥塔顶到江面为540米。对于当地人来说，这座大桥不仅是这些枯燥的数字。2015年的最后一天，雨后的贵州云雾弥漫，清水河大桥如一道彩虹横跨峡谷两端，数十位苗族、布依族、土家族少女身着出嫁时才会穿的盛装，齐聚桥头，争相与大桥合影留念。少女们头顶银饰熠熠生辉，笑容在这一刻定格。苗族姑娘说："我们这里很多人祖祖辈辈都没有见过山那头的模样，大桥让我们梦想成真了。"2015年底，贵阳至瓮安高速公路全线通车，由此，贵州高速公路通车里程超过5100公里，成为西部地区第一个县县通高速的省份。

2016年，连接云贵两省的北盘江第一桥合龙。这是杭州到瑞丽高速公路（G56）在贵州境内路段的一个控制性工程。一开始，设计师认为这座大桥跨径至少在670米以上，采用悬索桥方案比较成熟。但是北盘江第一桥两岸均为高500米的高陡边坡，并且分布了一些溶

贵瓮高速公路清水河大桥（刘叶林 摄）

云雾中的清水河大桥（黄继惠 摄）

北盘江第一桥（马健 摄）

蚀裂隙带，很难为悬索桥找到适合锚碇布置的位置，而且悬索桥型锚碇的开挖对边坡稳定和安全影响较大。钢桁梁斜拉桥在经济性上比悬索桥更胜一筹，于是最终推出了钢桁梁斜拉桥方案。建成以后，这座桥成了“网络明星”。BBC 官网称北盘江第一桥为“难以想象的中国工程”。对于中国工程师来说，这个评价可谓实至名归。大桥合龙之日，数百民众自发从四面八方赶来见证祖祖辈辈期盼已久的盛事。有人说，虽然他们的村庄与云南仅一河之隔，但由于交通不便，活了近百岁还从未去过云南，所以今天无论如何也要亲眼来看看这座世界第一高桥。

2016 年，贵阳至黔西高速公路鸭池河特大桥建成。大桥全长

1450 米，主跨为 800 米斜拉桥。鸭池河特大桥是典型的山区大跨径桥梁，建设主要面临三个方面的挑战。首先是大桥地处乌蒙山区，雨、雪、雾等恶劣天气年平均天数达到 208 天，严重影响生产效率。其次，桥址处于深切峡谷中，瞬时风力可达 11 级，且场地极为狭窄，给钢桁梁拼装等施工组织带来极大挑战。此外，钢桁梁采用大节段、长悬臂拼装，最大拼装长度 400 米，偏差精度控制在 10 毫米以内，施工控制难度极大。建设者全力开展科技攻关，在 5 个方面取得重大突破。这样一座高难度的世界级桥梁，从开建到合龙，仅用了 33 个月。

2019 年，横跨曹渡河峡谷的平塘至罗甸高速公路平塘特大桥成功合龙。平塘大桥并不以跨径闻名，它以塔高 332 米成为世界最高混凝土桥塔，此前世界上大多数高墩索塔也不到 250 米，超过 300 米的寥寥无几。

塔吊司机罗玉林参建过 12 座世界级特大桥，有着 20 多年塔吊工作经验,在不到 3 平方米的操作室里,罗玉林保持着操作零失误的纪录。在平塘特大桥施工作业中，面对 332 米高的桥塔，罗玉林也是头一次遇到，压力巨大。“最头痛的就是起风或者起雾，经常设备吊装到一半时突然起风，吊的东西晃得厉害，我的心跳得更厉害。” 罗玉林说。2018 年 8 月的一天，罗玉林刚把高 6 米、宽 4 米的模板吊到 280 米的高空，突然刮起了大风，重达 2 吨的模板在半空中迅速旋转起来。罗玉林的神经一下子绷紧了，他有条不紊地把模板提升到远离作业人员的高度，再慢慢让旋转中的模板靠近已绑好的钢筋以减缓旋转晃动速度。短短十几分钟的吊装过程，他的衣服已被汗水浸透，贴在身上仍浑然不觉。

平塘大桥（杨斌 摄）

在群山之中，平塘大桥也被称为最美的天空之桥。它的索塔如同钻石般的镂空造型，在群山峡谷中尤为夺目。大桥主塔为群桩基础，桩基最长达 55 米，采用人工挖孔桩工艺。

当然，和跨越长江的桥梁建设竞赛一样，建设飞跃崇山峻岭的大桥并非只在贵州，中国西部省份都做着这样的努力，并有了一系列成果。

2010 年，湖北西部的四渡河大桥建成，这座跨径 900 米的大桥被人们津津乐道的是，建设者用火箭完成了先导索的搭建工作。四渡河特大桥跨越一个河谷，两岸直线距离虽然只有 900 米，但开车跑一趟需要花两个小时，要跑 40 多公里山路和施工便道。大桥上部施工开始时，首先要将一根先导索送到峡谷对岸的工地，然后通过牵引陆续将一根根钢绳穿过峡谷，然后架设一个施工通道。山高、坡陡、林密，

果子沟大桥（隋业辉 摄）

悬索如何越过峡谷，一直是个棘手的问题。四渡河特大桥项目经理王崇旭突然迸发灵感：能否发射先导索过峡谷？ 2006 年 7 月 9 日上午，火箭带着1200米长的工作索飞越河谷，大桥建设的一大难题迎刃而解。

果子沟是新疆伊犁地区一条北上赛里木湖、南下伊犁河谷的峡谷，

果子沟大桥冬景（贺占军 摄）

古代就是中国通往中亚和欧洲的丝路北新道的咽喉。2011 年，新疆果子沟大桥建成，成为连云港至霍尔果斯高速公路（G30）在新疆的一个关键通道。大桥全长 700 米，主跨 360 米，主塔高度超过 200 米。大桥主桥全部采用钢桁梁结构，使用国内特殊专用桥梁钢材 1.7 万吨，并采用高强螺栓连接，安装精度控制在 2 毫米以内。果子沟大桥选择钢桁梁斜拉桥作为实施方案，较好地解决了山区地形构件运输、梁体架设问题，体现了桥型选择与建设条件的紧密结合。这座桥的跨度在悬索桥中可能并不起眼，但是，对于新疆来说，这是一个异常重要的大桥，也成为果子沟风景区的一道风景。大桥和周围环境相呼应，一年四季节呈现出截然不同的风景。

2013年12月，甘肃建成了刘家峡大桥。尽管没有热闹的通车仪式，但当地居民仍像过节一样，兴高采烈地争相参观大桥。这座单跨 536 米钢桁加劲梁悬索桥，是西北地区跨越黄河的最大跨径桥梁，也是世界最大直径的钢管混凝土桥塔。

2017 年，云南丽江已经开始在金沙江上建设金沙江大桥。大桥主跨径 1386 米，两岸索塔均采用门式框架结构，其中丽江岸索塔塔高 194 米，华坪岸索塔塔高为 230 米。两岸锚碇为隧道式锚碇，这是一个艰难的工程。蜿蜒盘旋的山路，近乎垂直的山体，茂密的丛林，几乎所有的施工位置都处于山体之中，别说施工便道和可供施工作业的平台，就连羊肠小道也没有。加之项目处于地震带上，地质结构复杂，地表多为强风化玄武岩，受云南丰富降水的影响，这里的地表极易出现垮塌。大桥主塔所在位置玄武岩硬度超过 330 兆帕，也就是说这个硬度可以超过一般钢管。所有工作几乎得像剥洋葱一样一层一层来，慢慢突破。大桥主缆由 169 根索股组成，每一根索股都关乎整座大桥的稳定性，风力、湿度、温差等会影响索股的调整，因此调索必须要操作得快而准，达到毫米级的精度。

这座桥是云南华坪至丽江高速公路的关键工程，也是国家高速公

俯瞰华丽高速公路金安金沙江大桥（杜才良 摄）

路网成都至丽江高速公路（G4216）的重要组成部分，是丽江南连大理通东盟、北接迪庆进藏区、东经华坪入川渝、西过保山至南亚的大动脉。从丽江市区开车前往下辖的华坪县，需在山路间盘绕六七个小时，遇上雨雪天气、路况不佳，堵上十多个小时也是常事。行路之难，捆绑了山里人走出大山的脚步，也阻隔了他们致富的希望。

“以前，我们就是种种芭蕉花椒，放放羊，养养牛，很少出去打工。一年到头，顶多混个温饱，根本没啥积蓄。”金安金沙江大桥华坪岸附近有个下啦嘛村，自 2016 年金沙江大桥项目进场，村民蔡正林就到工地打工。在他的带动下，最多时有 200 多村民加入，“这几年，大家学了不少本事，也富了起来，几乎每户都盖了二层小楼，不少人

金安金沙江大桥远景（张青龙 摄）

还买了小轿车”。

村民们盼望的好日子越来越近了。大桥已经完工，华丽高速在 2020 年全线通车，滇西北与川西南终于有了一条东西向的高速公路，由丽江至华坪和四川攀枝花的车程，分别缩至 2 小时、3 小时。村民们种的芭蕉和山货也能及时运到山外，增加了收入。

广西也有了著名的桥梁。平南三桥位于中国广西贵港市平南县，是荔玉高速平南北互通连接线上跨越浔江的一座特大桥，于 2020 年 12 月 28 日建成通车，它以 575 米的主跨成为世界第一跨度拱桥，打破了重庆朝天门大桥保持了十多年的纪录。

第三章

见龙在田
——中国隧道

所谓遇水架桥、逢山开路，中国公路建设跨越千山万水，也离不开各种类型的隧道建设。隧道具有不受天气干扰、环保等独特的优越性。根据全国工程勘察设计大师廖朝华的总结，截至 2017 年底，中国公路隧道超过 16000 座，超过 15000 公里。中国已是世界上隧道及地下工程规模最大、数量最多、地质条件和结构形式最复杂、修建技术发展速度最快的国家。廖朝华把中国隧道建设大致分为三个阶段。

改革开放前，中国隧道建设技术水平较低，建设的公路隧道较少。1965 年修建的大岭隧道东大岭三级公路隧道，开创了中国等级公路隧道设计历史。1976 年新疆天山独库公路铁力买提 2 号隧道，长达 1888 米，为中国首次修建的长度超过千米的长大公路隧道。通过参考引进国外先进技术，1970 年打浦路水下盾构隧道穿越上海黄浦江。

随着高速公路建设的全面启动，隧道建设开始大面积铺开。长 3155 米的 104 国道福建宁德市飞鸾岭隧道，是当时中国第一座特长公路隧道；广州虎背山隧道是中国第一座高速公路隧道（六车道）。1998 年通车的长约 4 公里的二郎山隧道是当时中国地应力最大、埋藏最深的公路隧道，是千里川藏公路上的咽喉要道。随着改革开放的深入，城市交通发展迫切需要打通江、海、河的约束，水下隧道开始规划并纳入国家战略，这期间建成的水下隧道主要包括 1994 年广州珠江沉管隧道、1995 年宁波甬江沉管隧道、1996 年上海延安东路南线隧道、2000 年上海外滩观光隧道。

进入 21 世纪，中国公路隧道向超长、大跨度、特殊结构、复杂环境发展，公路隧道修筑长度从中短隧道发展到现在的长达数 10 公里的长大隧道。2006 年通车的湖南雪峰山隧道为国内首次采用地下风机房和竖井中心扩孔法技术修建的特长公路隧道；2007 年通车的秦岭终南山公路隧道是当时建成的世界最长的双洞高速公路隧道；2010 年贯通的西藏墨脱嘎隆拉隧道是国内“天下第一难”高海拔高寒隧道；2017 年通车的雀儿山隧道是当时世界上海拔最高的公路特长隧道。正在建设的新疆乌尉天山胜利隧道是世界上最长（20 公里级）的高海拔高速公路隧道。与此同时，水下隧道建设也开始迅速发展。2008 通车的武汉长江隧道是万里长江第一隧；2010 年通车的厦门翔安海底隧道是中国第一座采用钻爆法修建的海底隧道；2016 年通车的南京扬子江隧道是国内首座特长双管双层八车道公路过江盾构隧道；2017 年贯通的港珠澳大桥沉管隧道是目前世界上最长、深埋最大的公路沉管隧道；拱北隧道为世界首座采用“管幕 + 水平冻结”法施作的双层六车道公路隧道。正在建设的深中通道为国内首次采用钢壳沉管隧道结构世界首例双向八车道海底沉管隧道。

从隧道建设技术来看，主要有三种类型：钻爆法、盾构法、沉管法。我们将从这三个方面描述中国公路隧道建设的伟大成就。

一、钻爆隧道

钻眼爆破法施工，就是用炸药爆破来破碎岩体。这种方法最早用于矿山巷道工程中，故习称“矿山法”。其基本程序是在岩石山体钻眼，然后装入火药进行爆破，通风之后尽快用钢筋或混凝土支撑已经形成的隧道，随后将爆破产生的渣土运出隧道，并对隧道进行进一步处理形成道路。

这种方式是层层递进的过程，因此称为爆破循环，理想的做法是洞室断面一次爆破成型，再按工艺要求自下而上浇筑混凝土，形成支撑。但由于岩体不稳定及施工机具的限制，钻爆法施工时要分块开挖，分部衬砌。

奥地利学者拉布西维兹在20世纪50年代提出一种隧道建设方法，就是在隧道爆破开挖之后迅速喷射混凝土，并在墙上打锚杆，形成支撑保护，以求最大限度地保持围岩的固有强度，利用其自承能力。这个方法在西欧、北欧、美国和日本等许多地下工程中迅速发展，已成为现代隧道工程新技术标志之一，也几乎成为在软弱破碎围岩地段修筑隧道的一种基本方法。该法被称为“新奥法”，于20世纪70年代被引入中国，并广泛使用。前文提到，进入西藏是中国公路建设最为艰巨的任务。千里川藏线，天堑二郎山。在早期修建川藏公路中，二郎山就是一道鬼门关。川藏公路建成后成为一条生命线、经济线，但是二郎山段的往来运输始终面临巨大风险。20 世纪 70 年代，二郎山隧道建设被提上议事日程，后交通部一公院 20 多位专家论证的结果是“国内罕见、世界难题”，因此一度搁置；1992 年，工程勘察设计重新启动；几经艰难，建设者完成设计方案，遵循“早进洞、晚出洞、尽量保护原生态”的原则，注重景观与隧道环保设计，并总结出系统的长大公路隧道勘察设计成套技术。二郎山隧道全长 4176 米，最大埋深 775 米，于 1996 年开工建设，建设过程异常艰难，于 1998 年建成通车。十年后，这里的交通逐渐拥堵。党的十八大以后，国家开始启动这里的高速公路建设，其中包括建设一条新的二郎山隧道。虽然此时的技术设备更为先进，但是这个隧道建设的艰难程度一如之前。隧道需要穿越 13 条地震断裂带，还面临着残存瓦斯、岩溶、涌突水等严重威胁。经过五年建设，2017 年隧道终于贯通。

雁门关隧道地处山西恒山雁门关西南部，是国道主干线二连浩特至河口公路山西境新广武至原平段高速公路上的一座越岭特长隧道，是中国当时最早开工建设的最长公路隧道。隧道双洞全长 10365 米，最大埋深约 600 米，2003 年建成通车，工程质量优良，并形成了长大隧道建设与运营管理成套技术、长大隧道及高危边坡工程地质病害处治应用技术、隧道监控系统设计技术等，在隧道建设过程中成功解决了长大隧道普遍存在的渗水难题，工程并先后荣获 2005 年中国建筑工程鲁班奖和第六届詹天佑土木工程奖等 6 项省部级以上奖励。

厦门由一系列岛屿组成，连接各区域和大陆，是厦门发展的基本条件。厦门希望形成“海上架桥、水面行船、海底通隧”的“三维”时代。厦门市本岛和翔安区陆地的翔安隧道是近年来厦门的一个重要工程。其跨越海域总长约 4200 米，是中国大陆第一座大断面的海底隧道，也是世界上断面最大、覆盖层最浅、首次采用钻爆法建设的海底隧道，工程研究设计历时 12 年完成。设计单位中交二公院对翔安隧道有着长期的关注与研究，研究的海域横向宽度达 8 公里左右，共提出了 10 多条路线方案，涵盖了厦门东侧海域的方方面面，对各种有代表性的工法进行了充分比选。最终，他们推荐了合理的线路和方案。从厦门市区到达翔安，需要穿越浅滩全风化层、沙砾层段和海底风化槽等较差地质，这几道难关，无一不是世界级的。翔安隧道两端陆域部分是在泥土下挖隧道。由于软塌塌的泥土缺乏足够的支撑力，翔安隧道两个主隧道的开挖断面都达到 170 平方米。如果全洞一次开挖，稍有不慎就可能造成大面积塌方。翔安隧道地质的第二条拦路虎是翔安端的浅滩段存在一段 450 米长的透水砂层。砂层就像一块巨大的海绵，一端在陆地一端在海里，砂粒之间充满了水。在这样的地方挖隧道，存在严重的涌水、塌方、透砂风险。对此，二公院设计人员设计新方案，切断砂层与海水的连通，再把砂层里的水排干。工程人员在工作面内挖掘了 189 口深井，砂层中的水便沿着砂粒间的缝隙流入这些井里，接着被抽离。透水砂层里没了水，涌水难题也迎刃而解。2010 年 4 月 26 日，翔安隧道正式通车。中国工程院院士王梦恕曾经说：“翔安隧道地质条件太不理想了，翔安隧道修好了，国内再修其他海底隧道就没什么大问题了！”

湖南雪峰山隧道为邵阳至怀化高速公路上最大的控制工程，位于邵阳、怀化两市交界处，穿过雪峰山主脉，隧道全长 6900 米，按四车道高速公路标准设计，为当时国内设计的最长公路隧道。该隧道地质情况复杂，穿越地段褶皱，断层发育，隧道埋深大，存在高地应力与岩爆问题。为解决通风问题，隧道共设置三处通风机房、两处斜井及一处竖井。二公院在设计中首次将左右隧道送风、排风及经济排烟等功能进行统筹考虑，整体设计技术难度高。隧道于 2002 年完成设计，2003 年开工建设，2006 年 8 月贯通。

秦岭是中国南北分界线，也是中国南北交通建设要面对的重大难题。中国铁路、公路穿越秦岭的经历有七次。第一次是 50 年代宝成铁路盘山越过秦岭；第二次是修建西康铁路秦岭隧道；第三次是宁西铁路东秦岭隧道；第四次是西安至安康高速公路秦岭终南山隧道；第五次是京昆高速（西汉高速）公路秦岭隧道群；第六次是兰渝铁路西秦岭隧道；第七次是西成高速铁路的秦岭山区隧道群。其中，2007 年通车的秦岭终南山公路隧道是当时建成的世界最长的双洞高速公路隧道。秦岭终南山公路隧道施工克服了地质断层、涌水、岩爆等难题，借鉴日本、美国、奥地利等国家的特长隧道建设经验，破解通风、火灾、监控等运营中的重大技术难题，使秦岭终南山公路隧道具有国际领先的防灾救援系统、监控管理系统和运营服务系统。《秦岭终南山公路隧道建设与运营管理关键技术》获 2010 年度国家科技进步奖一等奖。

如前所说，墨脱是中国最后一个通公路的县。在平均海拔超过 4000 米的青藏高原，墨脱县平均海拔 1200 米，周围砌着高耸的雪山，像一道巨大的屏风挡住了山外的一切资源，墨脱就像在井底。建设通往墨脱的公路，需要打通嘎隆拉山。海拔 4300 米的嘎隆拉山是墨脱的一道阀门，每年10月底便关上了，来年夏天才能打开。打通嘎隆拉山，可将墨脱公路里程缩短24公里，但这面临着无与伦比的挑战。墨脱公路的设计团队对这条路和这个隧道有着执着的研究，也历经了长期的磨炼。2001年6月，中交二公院开始了墨脱公路工程可行性研究任务。第一次进墨脱，项目组历时三个月，在雅鲁藏布大峡谷里徒步穿行了34天，行程440公里。随后的近10年里，西藏墨脱公路勘察设计团队几十次进入墨脱。其间，他们需要多次翻越嘎隆拉雪山。所以，没有人比勘察设计团队更了解嘎隆拉隧道建设情况，也没有人比他们心中的压力更大。嘎隆拉隧道所处区域为典型的非对称地形，南北两侧台地高差为340米。为尽量缩短南坡展线长度，减小雪崩灾害对工程的影响程度，隧道需要采用单坡隧道且隧道纵坡需尽可能加大。项目区域地震发生频繁，几乎每年皆可发生能明显感觉到的地震3到5次。这里是一个多雨带，丰富的降水和特殊的高山地形，形成了中国罕有的海洋性山谷冰川，并成为高原上一个巨大的现代冰川发育中心。因此，隧道雪害、冰川融水、隧道涌水、隧道施工运营过程中的防排水、防寒保温措施都是隧道建设必须解决的问题。经过反复踏勘，设计负责人何先志提出加大隧道纵坡的思路。设计人员选择雪崩相对弱的地方作为隧道进出口，为应对地震带来的洞口部位错动，设计人员将隧道加大预留尺寸，更多地设置了一些沉降缝，使结构物整体不会遭受更大的破坏。针对隧道施工中涌水、塌方、岩爆等“拦路虎”，设计人员遵循“动态设计”原则，指导、配合施工单位采用管棚注浆、混凝土抗冻融等12项施工工艺和方法，先后攻克大塌方、大纵坡、大涌水、大断层等中国高原隧道建设的世界性难题，为打通嘎隆拉隧道提供了强有力的技术支撑。墨脱公路屡建屡毁、屡毁屡建，除了恶劣的自然环境之外，特定历史条件下勘察设计手段和施工技术的落后也是导致失败的重要因素之一。在墨脱公路项目进程中，二公院项目组推广和运用了“GPS、航测遥感、CAD 集成技术”的开发成果进行勘察设计。2010 年，嘎隆拉隧道贯通。

正在建设的新疆乌尉天山胜利隧道是世界上最长（20 公里级）的高海拔高速公路隧道。乌鲁木齐至尉犁高速是北京至乌鲁木齐高速公路（G7）的，是连接天山南北纵向大通道。天山胜利隧道是这条高速公路的控制性工程，全长 22 公里，平均海拔达 3200 米以上，是特长高寒高海拔公路隧道，隧道最大埋深 1112 米，建设配套的竖井深达 700 米。

从设计来看，这条隧道首次在高速公路隧道设计中采用“两主洞 + 平导”的三洞方案，解决了长大公路隧道逃生救援难、施工与运管等难题；首次采用“铰接”设计原理，解决了深大活动断裂在发震工况下产生位错量的结构抗震设计。

这个工区的所在地，与外界互通的只有一条路，就是被称为“死亡公路”的 216 国道。这条路，一侧是峭壁，一侧是悬崖，尤其是入冬以后，路上全是冰雪，非常危险，工区到最近的镇上采购生活用品，来回一趟就需要五个多小时。前期建设人员就是在这种与世隔绝的环境下，建起了项目驻地，没有水就去峡谷里抽，没有电就用柴油发电，没有信号就用对讲机联系，他们靠着 4 部卫星电话和 512KB 流量的网络，采取日夜错峰办公的方法，在不耽误任何正常工作的情况下，支撑了三个多月时间，直到项目驻地建成。

建设者针对这个世界最长的高速公路隧道，以及天山高寒、高海拔、地质条件差的严峻环境，采取了前所未有的智能化、机械化工艺，新一代的智能设备在这里广泛应用。建设者团队以 BIM 技术与线上协同办公技术为手段，打造了项目的超级大脑，在这个系统里，可以清晰明了地看到项目的即时施工状态，包括目前的施工进度、作业现场机械和作业人员数量，还可以看到现场的车辆具体在什么位置，甚至可以对洞内人员、设备进行协同指挥管理。

目前，天山胜利隧道正在全面建设之中。

二、盾构隧道

长期以来，使用钻爆法建设隧道，建设者劳动强度极大，也面临着较大的安全风险。人们一直探索利用更大的机械设备来建设隧道，盾构法因此逐渐形成。

盾构隧道就是使用盾构机建设的隧道。这种方法是让盾构机在挖掘的过程中尽快拼装隧道管片并形成基本的隧道框架。其中，隧道掘进、土渣石渣、管片拼装、浇筑混凝土等，基本上都是用盾构机完成。

中交天和盾构机示意图（《交通建设报》供图）

盾构机刀盘（《交通建设报》供图）

盾构机看起来就是一个长长的大钢管或大钢壳，钢管里面有各类机械，这些机械由一个圆盘打头阵，圆盘装有各种刀头，圆盘转动、刀头挖掘，我们可以把它想象为一个复杂的旋转式剃须刀。同时，盾构机也在前进，这就形成一个隧道。这个被称为护盾的大钢管承受周围土层的压力，临时支撑着已经形成的隧道，并保护人员和各种机械设备，有时还承受地下水压以及将地下水挡在外面。由于要承受巨大的压力，因此这个大管子必须非常结实。形成隧道后，在工厂浇筑的管片也通过盾构机输送进来，并迅速拼接成一条贯通的隧道。这样一来，大钢管或钢壳里面就有刀盘、驱动系统管片安装系统、泥沙输出系统等。

盾构机的尾部称为盾尾，采用了各种密封设备和技术，其中最重要的称为盾尾刷，要防止地下水、泥沙等进入管边和盾构之间的缝隙。

盾构机最早在英国出现，至今已经有近 200 年的历史，日本和德国后来不断发展出新的盾构机和盾构技术。日本发展出的土压平衡式和泥水式盾构机有着广泛的应用。德国盾构机技术实现了在密封条件下从大直径刀盘内更换被磨损刀具的技术。

长期以来，国内大型盾构机依赖国外进口。1987 年，上海隧道工程公司成功设计出中国第一台盾构机，随后这家企业研发了一系列盾构机。2007 年，北方重工集团控股法国公司，从而拥有了世界上最先进的全系列隧道盾构机的核心技术。2011 年，中国交通建设集团研制出中国首台具有自主知识产权的超大型泥水气压平衡复合式隧道掘进机，打破了外国产品在该领域的垄断。2015 年，中国铁建研发出国产首台铁路大直径盾构机。2018 年，中国交通建设集团研发的直径达 12.12 米的超大直径泥水气压平衡盾构机，用于孟加拉国卡纳普里河底隧道工程。

有了这个利器，中国隧道建设进入新的阶段。

（一）南京扬子江隧道

2016 年通车的南京扬子江隧道是国内首座特长双管双层八车道公路过江盾构隧道。这是中国第一个在复杂地层建设的超大直径盾构隧道。这个隧道底层的主要特点是上软下硬。

前文提到，南京建设了一大批壮观的跨江大桥。这座城市也希望利用隧道技术建设跨江通道。设计师首创了双层多出口 X 型隧道，采用双管双层、8 车道盾构隧道方案，每条隧道都可独立承担长江南北的来回交通。这种设计充分利用了隧道空间，可以容纳更多的车流量，并将车流分散到四条不同的城市主干道，从而可以避免交通拥堵。

建设者要在长江底建设一个直径达 15 米、近 5000 米长的隧道。设计师发现，这条隧道需要穿越 13 种软硬分布不均的土层，复杂程度世界罕见。隧道拱顶以上，到最高水位的距离近 70 米，这是目前国内已建成的长江隧道中埋深最大的。在水下埋得越深，承受的水压越大，隧道每平方厘米承受的压力达 6.5 公斤，相当于在一成人的大拇指甲上压着 6.5 公斤的重物。可以对比的是，英吉利海峡隧道直径只有 8 米多，水压力也只有 0.6 兆帕，并且英吉利海峡隧道穿越的全是岩层，透水性很弱，而纬三路过江通道的隧道直径达 15 米，水压力最高值达 0.72 兆帕，对管片接缝材料的防水性能提出了更高要求。

这就要求盾构机刀盘刀具的设计要比常规的复杂好几倍，要专门为隧道定制盾构机。2011 年，为这个项目量身打造的盾构机下线，成为世界上最大的泥水气压平衡复合式隧道掘进机。

2012 年 7 月盾构机成功始发。由于前期工作准备充分，盾构机入土后一路高歌猛进，创造了超大型盾构机 3 个月掘进 620 米的国内新纪录。然而，建设者还没来得及庆功，盾构机掘进就被卡住了。11 月，隧道建设者在操控室的大屏幕上发现，盾构机掘进速度和角度出现异常，刀盘可能被不明物质卡住了，没法继续前进。刀盘前面的情况无法查看，建设团队进行了深入分析，有人说是沉船，有人说是枯树。无论是什么，处理起来都有不小难度。关键时刻，盾构机首创的刀盘伸缩机构解决了这个难题。

隧道开挖时，刀盘一直是伸出的，遇到紧急情况，卡死的刀盘可以缩回 10 厘米。在伸缩中，刀盘反复切削障碍物，逐步推进。从挖出的材料来看，原来这里是近百米的枯树区。快刀遇上了棉花，有劲使不出。

2014 年 1 月，盾构机掘进速度再次异常，从以往的每分钟 30 至 40 毫米降到了每分钟几毫米。在排泥管输出的泥土中，操作人员发现了很多大石头。之前的地质探测结果也没有发现有这种岩石，这些岩石是哪里来的呢？最后，答案在水利局的档案里找到了，原来是在 20 世纪 50 年代，为了抗击长江洪水，南京市组织市民向长江里大量抛石。经过长江水多年的冲刷，这些直径约 50 厘米的石块堆积在了长江江堤上，这正好是盾构机前进的路线。要穿过这片抛石区，就要保障输泥管道的畅通，建设团队想尽办法，最终通过改造循环管路的方式解决了问题。

盾构机在水底工作，必然会有接口边缝，因此需要设计防水的盾尾刷来阻隔江水透过盾构机边缝进入隧道。尽管盾构机采用了 5 道盾尾刷防水，但盾尾刷还是会在使用中磨损。南线隧道就出现了意外。在掘进过程中，长江水突然从盾尾刷损坏的地方灌进隧道，在隧道里形成 100 多米的积水。工程师们想出了环形冷冻办法，用液氮将一定体积的长江水冷冻起来形成固定的冰圈，以提供充足时间来更换盾尾刷。这一次，项目部在长江底部近 70 米水深处，将 5 倍于盾构机体积的长江水冷冻了 10 天。冷冻长江水，听起来是多么不可思议的事情，但通过这种方式，建设者成功更换了盾尾刷。

2014 年 2 月，盾构机的推进速度慢了下来。探测发现，盾构机遇到了长达 500 米的岩层，岩石最高强度达 120 兆帕，而一般混凝土强度也不过在 40 兆帕左右。高强度岩石使盾构机刀具磨损得很厉害，不久，盾构机就因需要更换刀具而停止了前进。此时，盾构机在长江水下 63.049 米，正处于纬三路过江隧道的最深处，承受水压达 0.72 兆帕。这种情况下，需要人工进入盾构机的刀盘部位进行换刀。但在这种水压下工作，已经超出了中国的作业标准，也就是说，按照中国标准，是不允许进行人工换刀的。建设团队请来了一家德国公司，根据德国标准，工人可以在 0.7 兆帕气压下工作。不过德国的换刀方法最长要耗费三天三夜。冥想苦思之后，工程师们想出了绝招：将太空舱的原理运用到长江隧道中。作业人员首先进入地面生活舱，用氦氧混合气体对生活舱和穿梭舱加压，达到泥水舱相同压力；待作业人员适应后，将生活舱与穿梭舱对接，作业人员进入穿梭舱；随后，穿梭舱被运至盾构机内，与人闸舱对接，作业人员通过人闸舱进入泥水舱更换刀具，换刀作业结束后返回生活舱休息，之后再接着下一班次进舱作业。作业人员由生活舱进入压力相同的泥水舱，工作时间就能够从 50 分钟增加到 4 个多小时。这样一来，换刀效率大大提升，是传统换刀效率的 8 倍以上。经过特殊训练的德国作业人员最长一次在生活舱内居住了 27 天。 隧道前面 500 米的软土区，掘进仅用了 2 个多月，而这 500 米的岩层，盾构机在江底工作了近 2 年时间。在这 2 年里，纬三路过江隧道工程采用世界首创的氦氧饱和带压换刀法进舱作业 600 余次，作业时间超过 2400 小时，更换各类刀具 1009 把，最终成功穿越岩层。

目前，采用盾构机挖掘方式的南京和燕路过江通道正在建设之中，为了在长江水下穿越粉砂、砂砾、硬岩等不同的底层，建设者选择了直径 15 米的大型盾构机。这个隧道的最大水深超过了 50 米。

（二）天山胜利隧道

天山山脉绵延 1700 公里，将新疆大地分为南北两部分。天山北麓形成了大好牧场，南部则是沙漠和绿洲。1974 年，天山公路独山子至库车公路开始建设，9 年后修建完成。受天山山区冬季降雪、结冰等自然因素影响，这条公路一年仅开放五个月。2019 年，贯穿天山南北的乌尉高速正式开工。这条公路直接贯穿天山，其中贯穿胜利达坂的天山胜利隧道是关键。

这条隧道长达22公里,建成后将成为世界上最长的高速公路隧道。天山胜利隧道最大埋深高达 1113 米，内部最大地应力达到了 21.8 兆帕，相当于 1 平方厘米要承受 218 公斤的重量，而一般岩石的承载力在 2—5 兆帕之间。

公路建设特长隧道一般采用钻爆法，可以通过增加竖井或斜井等辅助坑道以增加作业面，作业面增加了，掘进效率自然提升。但是天山胜利隧道最大埋深达 1100 多米，无论是竖井还是斜井，都是很大的工程。而且斜井口平均海拔达到 3500 米，气温低，年施工有效期短，无疑增加了施工的风险和难度。

建设者提出了一个全新的方案，将钻爆法和盾构法的优势结合起来，也就是在隧道的双向两条主洞建设中，采用成熟的钻爆法，在中间增加一个中导洞采用盾构法也就是硬岩掘进机来建设。这是国内首次将隧道掘进机应用于高速公路山岭隧道。

增加一个中导洞便加了巨大的工程量。但是，为何增加了一个中导洞，还可以提升掘进效率呢？通过硬岩掘进机来打一个中导洞，就是利用硬岩掘进机快速掘进的优势，快速形成一条辅助隧道，然后通过这个辅助隧道在每个车行横洞处开辟主隧道的辅助工作面。建设者以相邻车行横洞间距约 750 米为施工段，将整条隧道进行“切割”，从而实现“长隧超短打”。简单来说，一般隧道是从两头往里面挖掘，只有两个工作面。从中间挖一个小洞也就是所谓的中导洞，然后从山腹中开拓出新的工作面，然后往外挖掘。

根据测算，如果从主隧道进出口分别掘进，隧道贯通大概需要 12 年；采用斜井或竖井辅助施工的方案，大概需要 6 年；采用中导洞 + 主洞钻爆法组合工艺的快速施工，大约需要 4 年时间。

那么，就需要研究专门的硬岩掘进机，其原理就是利用盾构机的基本方法。2020 年 4 月，专门为天山胜利隧道建设打造的硬岩掘进机（TBM）下线，两台分别命名为“天山号”和“胜利号”。它们自动化程度高，显著降低人工劳动强度，能够适应天山胜利隧道工程复杂多变的地质环境，在大变形、强岩爆、多断裂带等多种复杂地层下实现安全、环保、快速、高效的掘进效果。

三、沉管隧道

沉管隧道的基本原理听起来比较简单，就是在工厂或者预制厂制作出巨大的管子，同时根据这些管子的尺寸在水底挖出相应的槽子，然后把这些管子浮运到水中安放到槽子里面。如果只有一个管子，安装之后打开管子两头，连接好陆地的隧道，就可以让车辆通行。如果是多个管子，则需要把这些管子拼接起来，形成一个长长的隧道。

但是将这个原理变成工程实践，是一个巨大的难题。而沉管隧道被视为土木工程界的桂冠明珠。1910 年，美国底特律水底铁路隧道的建成，标志着沉管法修建水底隧道技术的成熟。1994 年，广州珠江建成 5 节总长 320 米的沉管隧道；1995 年，宁波甬江建成 5 节 400 多米的沉管隧道。不过与世界水平相比，这些隧道尚处在初级阶段。1980 年建成的荷兰海姆斯普尔隧道标准管节长 268 米；2008 年建成的土耳其博斯普鲁斯沉管隧道沉管段长约 1387 米，标准管节长 135 米，最大水深达 61 米；2011 年建成的韩国釜山巨济沉管隧道沉管段长约 3300 米，标准管节长 180 米，最大水深约 51 米。所有这些隧道建设的核心技术，都掌握在欧洲个别公司手中。

2017 年贯通的港珠澳大桥的沉管隧道是目前世界上最长、深埋

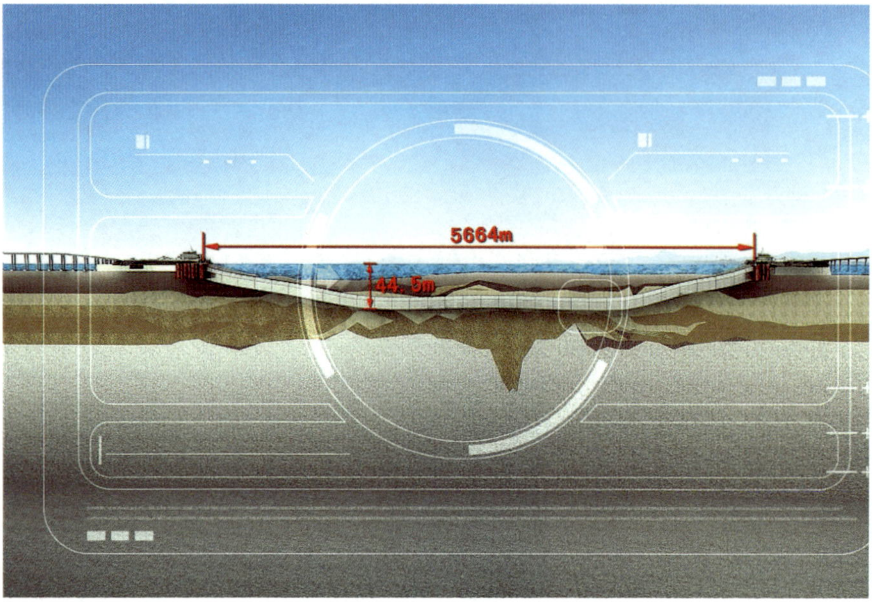

港珠澳大桥沉管隧道示意图（《交通建设报》供图）

最大的公路沉管隧道。这意味着，中国建设者从初级阶段起步，用了10年时间建成港珠澳大桥，由此登上世界沉管隧道建设的巅峰，把这个土木工程界的桂冠明珠握在手中。

制作33节钢筋混凝土管节，然后把它们按顺序安装到海底，最后连成一个长管子，这是港珠澳大桥沉管隧道的基本原理。这似乎并非难事。但是，这些管节超级大，重约8万吨；安装这些管节要十分精确，误差控制在几厘米之内；连接这些管节要在10米至45米深的海底完成，要克服外海复杂多变的海流、波浪及台风等气候影响，要保证车辆安全通行120年。这便成为当时世界土木工程界最难的工程之一——港珠澳大桥沉管隧道工程。

港珠澳大桥沉管隧道标准管节示意图（《交通建设报》供图）

可以把这个沉管称为“超级管”。“超级管”从预制到出运需要一座“超级车间”。从珠海香洲港出伶仃洋27公里，便是桂山岛。建设者用了14个月在珠江口桂山岛北端的牛头岛上建设了一座现代化、世界级的沉管预制厂，港珠澳大桥岛隧工程的核心组成部分——世界最大的沉管在这里的流水线上有序生产。

沉管预制必须挑战传统思维，将“大粗黑”的钢筋混凝土施工变成一项精雕细琢的精细活。建设者与全球顶级设备制造商合作研究解决方案，进行设备研制或配置。于是，众多的国际元素、行业内顶端配置在这个“超级车间”汇集。这里有着德国设计、振华重工制造的自动液压模板成套设备，瑞士设计制造的管节支撑和同步顶推设备，日本制造的钢筋加工设备和发电机组，德国提供的混凝土输送与布料设备。

港珠澳大桥沉管预制工厂全景（黄育波 林彦臣 摄）

大桥建设伊始，设计师和工程师们便开始了沉管浮运安装方案的具体论证。首节沉管浮运安装的根本目标是，把沉管从车间拉到海中，和已经浇注在人工岛上的钢筋混凝土管节精确对接起来。工程师对“精确”二字的表述是：接头错位不得超过 2 厘米，沉管的“身位”与设计误差不超过 2 厘米，在 12 米的海底滴水不漏。建设者要在 3 年时间里，将 28 个重约 8 万吨、长 180 米的标准沉管和 4 个较小的非标准沉管依次在海面拖行约 14 公里，以同样的精度在海平面下平均 40

米深处对接，并形成一个约6公里长的海底隧道，在海底使用120年。

2013年5月2日，一个巨大的船机编队从伶仃洋桂山岛出发。这个“舰队”的主体是：巨大的沉管固定在2艘专用安装船上，由8艘大马力拖轮牵引，12艘海事船警戒护航。此外，一干辅助船舶做好配套服务。“舰队”总马力超过5万匹，首次出海，14公里水路，走了近13个小时。

设计师和工程师要不差毫发地驱使数万吨的庞然大物。这个船队有五六个系统、七八个核心设备。软件、感应系统、测控、信息系统，所有这些构成了一个整体管理系统。指挥中枢的安装船上，有几十个显示屏，用工程师才能熟知的语言，精确地显示着沉管的身位，以及每一个相关设备的详细信息。这就把拖轮、锚艇的相关数据，航道、水深、沉管身位等数据整合到里面，集中显示出来，能够实现精确操控。

到达的两艘起重船起吊装备在船上面把沉管吊起来，起吊装置在船底下，可以控制沉管下沉到海底，与浇筑在人工岛上的管节对接。安装船与管节通过吊索连接，并通过固定支座与管节接触，这样一来，两个大家伙就实现了半刚性连接，刚柔并济才能够确保在波浪和洋流中精确移动。这两艘安装船是专为港珠澳大桥沉管隧道量身打造的。

在此之前，在一个人工填出来的海岛上，建设者浇筑了一个类似的沉管。从工厂预制付运过来的沉管就要和这个已经浇筑在人工岛上的沉管对接起来。当那个可以浮动的沉管基本到位后，安装在沉管上的拉合系统开始发挥威力。也就是说，固定在人工岛上的管节和从“车间”浮运入海的沉管首先实现牵手，缓慢而精确地移动，最后精确对接。

2013年5月6日10点，一动一静两个管节在牵手之后实现深海

港珠澳大桥沉管浮运（黄育波 林彦臣 摄）

之“吻”。一个管节端面是一个平整精度毫米级的环状钢板圈，另一个管节端面是一个坚实耐用的特种橡胶圈，精确对接之后，巨大的水压使一刚一柔两个管节严丝合缝地贴在一起。

为了这一“吻”，一个庞大的建设军团用了两年时间。这个团队由来自中外十几家企业的数以千计的设计师、工程师、咨询顾问、制

港珠澳大桥沉管隧道对接示意图 （《交通建设报》供图）

造商，和数以万计的产业工人组成。在这个“初吻”之后的3年中，30多节更长更重的沉管陆续在更深的海底精确对接，贯通成一个6.5公里的海底隧道。

为了沉管的顺利沉放，建设者海陆空全面筹划。沉放前一年，设在北京和现场的两个工作组就开始分析并进行气象窗口预报，甚至使用了全国最大级别的超级计算机，为沉管沉放安装找到最理想的时间窗口。在海底，巨大的挖泥船先挖出一个基槽，然后用专用的抛石船在基槽里铺上碎石，就像一条石头“褥子”，这样，这条精确到厘米级的基槽供沉管着坐。其中，为了确保石头“褥子”平整，甚至需要潜水员多次潜入水底用专用设备将其铺得更平。

这个流程建设者重复了33次或者更多。因为他们的每一步都是开创性的。

中国建设者一度也想请外国先行者给予帮助，但900万欧元的报价远超我们的承受范围。中国建设团队负责人林鸣说：“我们只能自己研究。”他们研究了近两年，不仅搞明白了，也折服了洋人老师。

这个过程绝非易事，林鸣和他的团队付出了巨大努力。在第一节沉管安装过程中，林鸣连续工作90多个小时，这是一种很多人难以相信的精神和力量；在第8节沉管安装的关键时刻，林鸣因劳累过度，鼻腔大出血，4天内实施了两次全麻手术；在第10节沉管安装中，他们遇到了深槽不符合基本规律的海流（专业术语称为“紊流”），这是一个超出传统经验的现象，为了解决这个问题，他们甚至用上了航天技术；在第15节沉管安装中，已经挖好的基槽出现了意想不到的淤泥，他们不得不两次中断安装，将巨大的沉管又拖回来，其中面临着窗口期消失、船毁人亡的巨大危险……

但这一切都不能阻挡建设者们前进的决心，中国人在沉管隧道建设中提出了全新的理念和结构。

2009年，在国外专家的建议下，5公里多的沉管隧道初步设计就选择了柔性结构方案：整个隧道由33个大管子对接而成，一个标准的大管子由 8 个 22.5 米长的小管节拼接、由钢绞线串起来；在浮运安装中，这 8 个小管节组成一个整体；安放到位后，剪断钢绞线，整个沉管隧道就是一个柔性整体。8 个一串，就是为了尽量提高效率。小管节依靠海水压力实现密闭，并在管节间设置止水橡胶把海水挡在外面，管节之间设置剪力键，能够保证它们不会错位。这好像一串糖葫芦，安装到位之后，再剪断那个竹签。

有一天，剪断还是不剪断这个钢绞线，突然变成了大问题。

2011 年底，在沉管隧道的施工设计过程中，建设者意识到，在 40 米的海底，沉管承受着巨大的压力，当地基发生不均匀沉降时，管节之间可能产生错位。随着工作的推进，这一风险越来越大。2012 年底，建设者在实践中发现，潜在的风险已迫在眉睫，如不及时调整沉管结构，有可能会对沉管 120 年的使用寿命产生致命影响。

在这个过程中，设计团队系统梳理了沉管隧道的发展。从既有实践和理论看，沉管隧道分两种，一种叫刚性结构隧道，也就是整个隧道用一个或者为数不多的整体性大管节组成；一种叫柔性结构隧道，整个隧道用很多个管节拼接起来。

刚性结构的优点是，整体结构不用担心漏水；但是缺点也很明显，如果出现沉降，大体积沉管受力不均匀有可能出大问题。举个例子，一个 1 吨重的东西十几个人可以抬着，如果四五个人突然撒手，其他人肯定会受不了。

柔性结构的特点是受力比较均匀，能够应对一定范围的不均匀沉降。尽可能用更多的小管节串成一个大管节，能够大大提高制作、运输、安装的效率。

欧洲专家对柔性结构的优点情有独钟。中国设计师为什么会心存顾虑呢?

在既有的实践中，柔性结构沉管都是用在浅埋长隧道中，而港珠澳大桥隧道是一个深埋隧道。大多数沉管要安装在 30 到 40 多米的海底。这一浅一深，原来不是量变，而是质变。浅埋沉管隧道受到的压力小、沉降就小。接头的防错位能力较容易满足要求，深埋隧道就不一样了。

原来的初步设计考虑到这个问题，也有担心，希望通过充分应用剪力键来应对。但是到了深水段，计算发现这个力太小了。大接头之间原来有一个类似接榫的东西（专业术语叫：混凝土剪力键），把这个东西加强之后，剪力还是不够。

曾经的担忧变成了最为棘手的现实，世界范围内的实践和理论只有两个，一刚一柔。林鸣说："大家很痛苦，几乎都绝望了。"

2012 年 9 月的一个早晨，港珠澳大桥设计总负责人、中交港珠澳大桥岛隧工程项目部副总经理刘晓东收到了林鸣的短信："是不是可以研究一下半刚性的概念？" 这是刘晓东永远难忘的一个短信。它是一个灵感的火花，却点亮了整个团队的天空。刚柔之间，是一种工程哲学的境界。

林鸣提出的半刚性结构，就是保留甚至强化串起小管节之间的钢绞线，加强小管节之间的连接，这样就能容许 180 米长各标准管节的 22.5 米节段间可以有一定的变形，但这个变形会受到约束。

这还需要实验来证明，也需要得到经验丰富的国外咨询团队的认可。

但是，当中国建设团队提出半刚性管节优化方案时，外国专家发出强烈反对：国外的实践和理论都没有这个东西，不应该脱离传统理论，再创造一个新的结构。

外国专家的感受是可以理解的，国际上沉管的实践和理论就是分为柔性结构和刚性结构，分别有着不同的计算机理和设计方法，并不存在半刚性的问题。欧洲和日本都有着许多使用刚性或柔性结构的成功经验，这已经成为他们建设的固有模式，两种结构必然二选其一，没有其他出路。在他们看来，设计节段式管节的目的就是让它具有柔性，现在要增加剪力让它更具刚性，那干脆做刚性的。

林鸣提出半刚性结构构想的依据是什么？这是被现实困难逼得没有办法的办法，因为是深埋沉管，不管是刚性还是柔性都有巨大的现实困难，必须要找一个新的出路。半刚性就是保留一部分预应力，让它在海底既能够适应一定的变形，同时又可以对它进行控制。

刘晓东用积木做了一个比喻，刚性结构就好比长条的积木，柔性结构就好似由乐高小积木拼接的积木条，半刚性结构则是用一根橡皮筋串起拼接的乐高小积木。在地基发生不均匀沉降时，长条的积木有可能影响结构，拼接的乐高小积木有可能产生错位，但串起拼接的乐高小积木因橡皮筋的弹性，积木之间允许有一定的张开，而且这个张开是有控制的，不能无限变形，同时，保持始终在积木之间有一定的压力，使得摩擦力能够发挥作用，保持相对不错位。

经过持续的研究论证，这一思想被广泛接受并付诸实践。

这个沉管隧道的最后一个难题是最后的接头。也就是说，两个人工岛有两个固定的管子，分别对接移动的大管子，然后从两头向中间延伸，最后，它们将连接成一个隧道。关键问题是，这最后一个管子如何恰当地在海水中连接起两个管。

2012 年，林鸣和他的团队就开始构思最终的接头。林鸣带队去日本调研考察后，带回了两个思路，一个是用传统的海底现浇的方式，另一个是创新的整体式结构。他们也去过中国香港、韩国、欧洲，对凡是做过沉管隧道最终接头的地区和国家都做了详细考察。最后得出的结论就是：目前使用过的 5 种最终接头工法都不适用于港珠澳大桥。随后是 10 余次专家咨询会、50 多项专题研究、百余次攻关会议、数十次验证试验和调试演练。三年的艰辛历程中，推翻了十几个方案，项目成员终于达成共识，决定采用新型整体安装方案。相比于传统接头方式，该方式的最大优势在于一次性作业。以前在外海安装需要半年的时间，而现在一天就可以完成。国外专家说：从质量和外海作业风险的角度看，这种接头是当前最好的方案。直到 2017 年 5 月 2 日，这个最后的“接头”才安装到位。诸多媒体报道了这一伟大时刻。

故事并没有结束。成功安装的次日凌晨，也就是 2017 年 5 月 3 日凌晨，林鸣辗转反侧，因为他等待的关于最终接头测量数据的电话还没有来。过去 4 年他们已经完成 33 个管节安装，获得这个数据只要两三个小时。上午，数据传来：横向最大偏差 17 厘米，纵向偏差 1 厘米，止水带压接均匀，不漏水。虽然不漏水，但这偏差超出了设计可以容忍的极限。那么问题就是：要不要把已经安在水底的管子拆下来吊起来重新安装？林鸣和各路专家召开了紧急会议，所有专家都知道重新安装的巨大风险，因此，几乎没有人认为有必要进行重新安装。7 个小时的紧急会议，林鸣几乎没有发言，直到最后，他说：“这是 120 年设计使用寿命的超级工程，我们不能给工程、给自己、给历史留下遗憾！这个数据会让港珠澳大桥建设的光辉变得暗淡，我们曾经承诺过，我们自己这一关就应该是最高标准的，所以我决定重新对接！”

“重新对接”意味着把已经沉放的最终接头重新吊起来，把已经打开的钢封门重新焊死，往结合腔里重新注满海水，使结合腔的水压与外部海水的压力相同，让10米高的结合腔内部压强达到与28米水深水压相同的0.28兆帕。其间，重新焊接的钢封门漏水。这个意外让很多人感到恐惧。建设团队的核心人员、中国专家、外国专家，在这个过程中经历了内心的巨大压力，要不要继续？

但是，林鸣没有丝毫动摇。5月4日，接头重新安装。而这一次的测量数据是，经过多次复核，西向偏差0.8毫米，南北向偏差2.5毫米。这是一个惊人的精度。建设者把这一切称之为：天道酬勤。

重新对接意味着中国建设者首次在世界沉管隧道建设史上实际验证了最终接头施工方法“工序可逆”，为同类工程建设提供了可复制的施工经验。

全程参加最终接头对接的荷兰专家汉斯·德维特在2017年5月5日发来贺信。他说：“最终接头方案带来沉管隧道最终接头设计和施工创新、高效的理念，是对沉管隧道技术的重大贡献，将来中国和世界隧道行业都会从这个项目受益。”

的确，中国隧道行业已经从中受益。全面借鉴港珠澳大桥沉管隧道的大连湾海底隧道已经开工建设。这个沉管隧道部分由18节沉管构成。分别为13节180米直线管节、5节148米曲线管节，单节沉管的最大重量约6万吨。不仅如此，大连湾沉管隧道的建设团队核心

港珠澳大桥沉管隧道最终接头安装（《交通建设报》供图）

骨干也是来自港珠澳大桥的建设团队。

中国建设者在世界技术高峰的创新之路还在继续。一个宏大的工程正在建设之中，这就是深圳至中山跨海通道。深中通道的隧道也是采取沉管隧道。这个长约 6.8 公里的世界首例特长双向八车道海底沉管隧道下穿沿江高速和三条航道。为克服超宽、变宽、深埋、回淤量大等技术难题，项目采用钢壳混凝土沉管隧道结构，这在国际上属于首次大规模应用，存在较大技术挑战。

深中通道双向八车道对沉管荷载提出了高要求。直观来说，沉管就要更宽。根据受力分析，大体积钢筋混凝土沉管的承载集中在壳壁，钢结构主要承载张力，距离中心轴越远，抗张力越大。由于深中通道沉管整体承载力的提升，要求更多层数的钢筋。但是，海底隧道对沉管防水要求极高，这就对混凝土表面裂缝控制提出了更高的要求，也就是说要确保整个沉管不能有变形，否则就不能有效发挥钢筋的抗张力效果。

在这种情况下，设计师提出了采用钢壳作为沉管的“筋骨”。也就是说，钢壳作为沉管的内外支撑壳。由于钢壳离中心轴最远，能够很好地发挥钢结构抗张力的效果。在钢壳中浇筑混凝土，发挥其抗压作用，保证了整个沉管的结构稳定。

就沉管隧道而言，港珠澳大桥以钢筋混凝土的方式刚刚取得成功，为什么深中通道要采取钢壳混凝土的方式呢？设计师说，这不是为创新而创新。钢壳的理念根本上是根据双向八车道的“宽度”要求提出来的。而且，研究发现，钢壳混凝土沉管和钢筋混凝土沉管相比，最重要的特点是，钢壳不怕表面开裂。

这种态度也是向港珠澳大桥的隧道建设者致敬：港珠澳大桥能够确保钢筋混凝土没有一个裂缝，充分体现了中国交建建设团队精益求精的精神，是土木工程的一个高峰，要做到这一点，是极为可贵的。在深中通道继续采用这种结构，对未来的建设团队来说又是一个巨大的考验。因此，如果能够换一种思路，也可能探索出新的路子。

此外，钢壳能够更好地发挥材料的稳定性、可靠性，在环保和工厂化预制方面更有优势，这也符合国家提倡加大钢结构在建筑工程中应用的要求。

当然，钢壳结构也面临着新的难题。一个是钢壳内混凝土的浇筑和检测问题。钢壳结构无法像传统的混凝土浇筑那样振捣浇筑，这就要研究新的自密实混凝土材料，或者说，混凝土浇筑中不需要振捣就可以达到设计效果。此外，一个沉管内部有很多个独立的壳子，要确保浇筑中不出现空腔，而且，浇筑后混凝土的监测也不能用传统的方式来实现。围绕这些问题，设计团队已经开始了一系列研究。

钢壳的另外一个问题是海水中的防腐和养护。钢结构在海水中的防腐能力要比混凝土差很多。针对这一问题，已经形成了基本的解决方案，可以通过牺牲阳极、防腐涂料、预留腐蚀冗余等方式来解决。

对于深中通道来说，沉管仍然是核心问题。工程仍然要沉管隧道来展开，新的问题一一呈现在建设者面前。深中通道的沉管是一个160米长的大家伙，如何把它从预制场运输过来然后精确放置在基床上并实现严丝合缝滴水不漏，是一个很大的难题。在历经艰难险阻之后，港珠澳大桥建设通过多个拖轮协同运输、安装船实施安装的方案，为中国大型沉管隧道的安装探索出了可行的路径。深中通道能否继续总结提升呢？深中通道设计中，当地希望尽量减少工程建设对航道的影响。针对这一点，新的运输安装一体船已经建造完毕，也就是说，沿着港珠澳大桥沉管安装的思路，给原来没有动力的安装船加上动力系统，让它把巨大的沉管运输到位、安装到位。

研发先进装备服务工程建设的思路，有望在深中通道建设中发挥重要作用。建设者已经下大力气研发制造先进的大型装备，这也是为国家培育大型工程建设核心竞争力的体现。

中国建设者已经开始系统研究悬浮隧道。悬浮隧道就是浮在水面以下的隧道。在水底建设隧道的实践中，无论是钻爆法、盾构法，还是沉管法，都是要埋在泥土砂石中，这样一来，隧道就受制于水底的地质情况。尤其是在跨越深海的地方，建设隧道不仅面临着技术难题，也可能要巨额成本。

悬浮隧道不在水面上，也不在水底的泥沙中，而是浮在一定深度的水中。这样，它既能面对航道船舶的影响，也不至于因为太深而造成技术上的难题和成本上升。根据既有的设想，悬浮隧道就是用缆索把隧道系在海床上，或者系在水中的浮箱上。有的研究指出，隧道将由一系列锚固在海底的、可以调整的缆索来加固。2018 年，中国科协第 20 届年会上将悬浮隧道工程技术列为 12 个领域的 60 个重大科学问题和工程技术难题之一。

未来 10 至 15 年内，将可能有约 30 至 50 座大型水下隧道工程需要开工建设，如烟台到大连海底隧道、琼州海峡隧道等多项跨江越海工程。隧道技术有望进一步发展，为社会带来更大价值。

第四章

跨界探索
——混合工程

目前，我们仍然把桥定义为一种跨越，跨越大江大河，跨越海湾海岛，跨越高山峡谷。在这种情况下，人们建设桥梁的想象力很少受到约束。比如，在长江天堑建设跨江大桥，设计师和工程师只要考虑一个因素，就是给长江留下充足航道；在高山峡谷建设大桥，需要充分考虑自然环境。但是，今天在经济发达地区，一些桥梁建设需要更多地考虑社会、自然、空间的约束，采用更多的复合结构，桥梁建设也开始突破传统的桥梁工程专业。这就出现了一批跨界的、综合的专业工程。

将这些工程作为一种独立的分类，可能没有工程学上的价值，只是这样可能有助于理解这些超级工程。混合型的工程建设要充分考虑道路交通、水上交通、航空工程、城市空间、生态环境的综合性约束，需要采取桥梁、隧道、人工岛等多种结构。因此，它们就超越了桥梁工程、水工工程、疏浚工程、装备工程等不同的学科界限，需要跨领域配置资源。

这种跨越，或者就是桥梁和隧道最本质的精神。

在这一领域，中国毫无疑问迅速登上世界之巅。代表性的工程，就是已经完工的港珠澳大桥和正在建设的深圳至中山的跨江通道。

一、港珠澳大桥

港珠澳大桥连接香港、澳门、珠海。作为发展龙头的香港面临土地和资源紧缺的制约，澳门要连接珠海和香港以改变交通末端的状况，珠海要尽可能地缩短与港澳的时空距离。港珠澳大桥的建成，使珠江口两岸时空观彻底改变，大桥快速连接五大机场和三大港口地面交通，实现 1 小时交通圈，助推粤港澳大湾区建设。

这项工程主要服务于路面交通，因此面临两个通航的约束。一是珠江口的船舶通航限制，一是大桥附近飞机净空限制。如果仅仅为了满足珠江口主航道的通行，就可以建设大跨径的桥梁。但是大跨径的桥梁往往需要较高的桥塔，这就无法满足附近机场飞机对起降净空的要求。在上下都有限制的情况下，高塔大跨径的桥梁方案就被否决了。因此这里必须要依靠隧道来穿越主航道。

根据工程位置的地质环境来看，这里以冲积淤泥为主，因此无法采取钻爆法来建设隧道。这就需要在盾构隧道和沉管隧道之中选择方案。采取盾构掘进，对海洋环境影响较小，但在 40 米的海底施工，安全风险巨大；后者在海中挖槽铺管，对环境影响较大，但是安全风险较小。对于决策者来说，这反而成为一个难题，因为优劣都很明显。

这时候，人工岛成为决定性因素。建设隧道，需要先在珠江口建设两个人工岛，通过人工岛，就可以将桥梁引入隧道。也就是说，人工岛起到一个衔接性、转换性的作用。建设人工岛必然会对珠江口水文环境带来影响。长期以来，珠江口形成了稳定的两河三滩水文环境，这是珠三角发展的根本基础之一，大桥建设不能改变这种稳定的水文环境。这样一来，降低对环境的影响，办法就是缩小人工岛的体积以降低阻水率。设计师对比分析认为，完成 6 公里的隧道，采用盾构隧道所需要的人工岛要比沉管隧道人工岛大一倍。

综合考虑生态、人文、经济、技术等多方面因素，设计团队推荐了沉管隧道，这样就可以将人工岛面积控制在一个合理的范围。

由此，港珠澳大桥成为一个桥、岛、隧一体化的集群工程项目，其桥隧组合规模世界绝无仅有，技术标准世界最高。港珠澳大桥工程包括三项内容：一是海中桥隧岛工程，二是香港、珠海和澳门三地人工岛口岸，三是香港、珠海、澳门三个城市的配套连接线。

其中，海中桥隧主体工程总长约 29.6 公里，采用桥隧组合方案，由 6 公里的隧道和 22.9 公里的跨海大桥组成。为了使桥隧更好地衔接转换以及设置隧道的通风井，主体工程隧道两端各设置一个海中人工岛，东、西人工岛最近间距约 5250 米，各长约 625 米。岛上建筑采用与人工岛浑然一体的建筑方案，东、西两岛分别设有观光、服务区及运营养护分中心，人工岛将成为大桥独特的景观。

跨海大桥有三个航道桥，三座桥都是钢箱梁斜拉桥，青州航道桥主跨是 458 米，江海直达船航道桥主跨 258 米，九洲航道桥主跨 298 米，这三个跨径满足了各自桥下的通航要求。

港珠澳大桥的建设体现了国家工业水平。大型的施工船舶、大型设备的研发制造，取决于国家装备工业的水平；大型构件的生产制造安装，体现了国家工业生产能力；标准化水平的高低，取决于国家工业管理水平。综合国力不行的时候做不了，技术、人才、装备、材料都需要达到一定的水平，包括要具备整合全球资源的能力。要用四化理念指导工程建设，即大型化、工厂化、标准化、装配化。大桥主体工程结构物化整为零，在陆地上预制，再用大吨位运输船运输，最后用大型起重设备安装。箱梁可以达到 3000 吨，180 米长的沉管排水量可达 8 万吨。中国最大、最先进的海上运输、起吊、疏浚设备将投入这项伟大的工程中。对于中国土木工程界来说，港珠澳大桥是一个巨大的挑战，无论是桥梁和人工岛，还是海底隧道，都充满了悬念；海底隧道的每一节沉管安装，都有着惊心动魄的故事。

在人工岛建设中，建设者在江口开阔的海面上，把 61 个巨大的钢圆筒插入水中，然后合围成一个蚝贝形的圆圈。这些钢圆筒直径 22 米，最高超过 50 米，重 500 多吨。就体积而言，接近于一个完整的 10 多层楼房。它们在上海长兴岛制作，批量海运到珠江口工地，最后用大型专用设备振沉至水下 30 多米。这是一种前所未有的工艺。钢圆筒合围之后，岛内填入砂料并加固地基，圆筒外再用混凝土块体等加固防护，最后，坚实的人工岛“拔海而起”。两个人工岛通过海底沉管隧道连接，人工岛与内陆通过桥梁连接。

以钢圆筒的方式在深海形成人工岛，是一种全新的工艺。传统的成岛工艺，或者通过连续的钢板桩围成，或者通过大型混凝土沉箱围成，或者大规模开挖换填构筑。用不同的工艺，都能实现成岛的目标，

港珠澳大桥人工岛钢圆筒筑岛（吴国庆 摄）

但钢圆筒工艺和传统工艺相比，效率不可同日而语。而且，前者在质量和环保方面更有优势。

2006 年前后，林鸣和他的团队就开始思考深海筑岛的方案。一个基本的着眼点是，在深海筑岛，人工岛面积很小，这就要求尽量少用船舶，尽量简化工艺，这是传统的工艺难以实现的。而要实现环保、确保质量、确保工程进度，就要考虑大型化、标准化、预制化。在一次技术交流会期间，一个大胆的构想突然闪过林总的脑海——用大直径钢圆筒围成人工岛。设计可行吗？几经求证论证，2009 年林鸣正

链接 数字解读港珠澳大桥

55 公里	全长 55 公里，是目前世界总体跨度最长的跨海大桥
5.6 公里	海底隧道长 5.6 公里，是目前世界上最长的海底公路沉管隧道
46 米	海底隧道最深海平面下 46 米，是目前世界上埋进海床最深的沉管隧道
8 万吨	对接海底隧道的每个沉管重约 8 万吨，是目前世界上最重的沉管
120 年	设计使用年限首次采用 120 年标准

式提出用钢圆筒做人工岛防护结构的方案。几轮分析比选之后，方案最终敲定：大直径钢圆筒深入海底，快速形成人工岛，大大减少船机及海上作业的时间，大圆筒良好的稳定性和止水性能，为后续工作提供了一个稳定的环境。

国内早期曾经在长江口有过大直径混凝土圆筒结构的试验，但混凝土结构韧性不足，难以打入水底；后来在广州番禺也有过 7 米直径圆筒的实践，但稳定性较差。这一次采用了 22 米直径钢圆筒，入泥超过 20 米。这是一个伟大的构思，对水利工程建设产生了革命性影响。

二、深中通道

珠三角是中国人口集聚最多、创新能力最强、综合实力最强的三大区域之一，也是有全球影响力的先进制造业基地和现代服务业基地。但是，珠江口不同的区域，也面临着经济发展不平衡的问题。

珠三角 10 多个城市，以人字形分布在珠江口两岸。经过几十年的发展，逐渐形成了三大组团，一个是广州佛山肇庆，一个是深圳东莞惠州，一个是珠海中山江门。在珠江口东西两岸的最外面，是香港和澳门两个特别行政区。三个组团和两个特别行政区，交通通道各不相同，对未来的交通基础设施需求各不相同。目前，广佛肇处在“人”字的顶端，与其他两个组团基本上形成了陆地交通体；在“人”字形的两边，隔珠江口相望，尚未形成有效的连接通道。从经济发展来看，珠江口形成了东强西弱的格局，也面临着结构调整的难题。东部面临越来越严重的土地和资源紧缺制约，沿着珠江东岸方向的产业转移已经基本到位；西部迫切需要连接深圳和香港，以期形成更好的产业分工和社会格局，形成协同发展态势。

交通基础设施是打通连通区域、打通珠江口的纽带，也是经济协调发展的纽带。因此，珠江口的交通格局始终是广为关注的课题。

自虎门大桥建成之后，珠三角就没有新的跨江通道建设，而这座大桥运输流量已经高度饱和。同样，广深高速公路高峰时车流量达到12 万辆，大大超过了设计流量。因此，尽快构建港珠澳交通大通道，增强珠江东岸地区经济辐射带动作用，充分挖掘珠江西岸发展潜力，便捷港澳及珠江两岸之间的交通联系，已成为三地各界共同的愿望。

这种迫切的愿望，在几十年的充分论证和近几年的快速建设之后，珠江口的交通格局正在完善。一是连接香港、澳门、珠海的港珠澳大桥已经通车，将在珠江口最南端形成跨海通道。二是在虎门大桥的上游，南沙大桥已经建成，有力改善了广州南部跨越珠江的交通状况，有效缓解了虎门大桥的交通压力。

但是，虎门大桥和港珠澳大桥相距近百公里，无论是向南绕行还是向北绕行，都需要较长的时间和距离。因此，在深莞惠和珠中江两大组团的中心，需要一条更加直接的通道，这就是深中通道。

在港珠澳大桥建设已经进入收官阶段的时候，2017 年，深中通道建设启动。通道建成后，未来车流量有可能达到每天 10 万辆以上，这是深中通道设计工作的重要出发点。基于这一点，深中通道提出了双向八车道的基本要求。

两个工程相距几十公里，人们总会将两个超级工程来对比分析。目前，媒体已经用“超级工程”来定义这两大通道，因为它们都是集桥岛隧一体的集成工程，技术难度大、投资额大、建设周期长、影响深远。

深中通道登陆深圳的地点紧邻市区，涉及和当地复杂的路网连接，陆地空间有限、填海空间受限，因此，深中通道增加了一个非常复杂的海底互通工程。这样一来，深中通道被定义为集隧道、人工岛、桥梁、海底互通为一体的集群工程。

和港珠澳大桥一样，深中通道的工程布局受到机场高度和航道深度的限制。在临近深圳的一侧，有着深圳机场的限高要求，不能建设大型桥梁，又有珠江口航道的水深要求，隧道不能太浅，因此，这里设计了最深达到 35 米的沉管隧道。在珠江口中部是主航道，要为大型船舶同行留有足够的空间，因此设计了主跨 1666 米、通航净高 72.5 米的大桥，让这座大桥成为世界第一高通航净空、世界第二大跨径的大桥。

从荷载来看，深中通道双向八车道对桥隧的要求比港珠澳大桥双向六车道要更高一些，简单来说，受力要增加 30% 左右。这样一来，深中通道成为世界上最宽的桥隧结合工程。

对于深中通道来说，工程仍然要沉管隧道来展开。港珠澳大桥的沉管隧道处在珠江口沉积形成的软基层，而深中通道的沉管隧道海床处在基岩区，这给深中通道一个利弊共存的基础。以基岩为沉管隧道的基础，好处是基础稳定，没有不均匀沉降；麻烦则是基槽的开挖变得异常艰巨。这里不能采取大规模的爆破开挖，而是需要新的疏浚工艺，比如大规模采用凿岩等方式。

沉管需要一个平顺的基床，但是凿岩或者其他工艺形成的基床肯定无法整齐划一，这就需要给基床铺上一个“石头褥子”，因此基槽整平也是未来的难题之一。设计师提出了“后铺法”思路。有“后铺法”，就有“前铺法”。前铺法就是在沉管安装之前，全力做好基床的整平，也就是预先铺设好基床。后铺法，就是在初步的机床整平之后，安装沉管，然后再通过注浆的方式让可能形成的空腔密实。这类似于隧道开挖之后先安装壳体，然后通过注浆填补空隙形成整体。

研发先进装备服务工程建设的思路，有望在深中通道建设中发挥重要作用。建设者已经下大力气研发制造先进的大型装备。例如，中国人研发制造的自升式碎石铺设整平船“一航津平 2”已经投入生产，这是世界首艘集沉管浮运安装于一身、具有 DP 定位和循迹功能的专用船舶。因铺设作业的高效率和自动化，该船被誉为深水碎石铺设的“3D 打印机”。与港珠澳大桥深水整平的功勋船舶“津平 1”相比，“一航津平 2”在性能、规格、国产化程度等方面均实现超越。

路总是指向前方，桥隧意味着跨越，也蕴含着探索精神。中国建设者的探索远没有停歇。

在未来 10 至 15 年内，中国计划建设数十个大型通道工程。设想中的烟大海底隧道、琼州海峡隧道等，都是跨江越海的超级工程。这既是中国的探索，也将是世界的探索。

第五章

与世界同行

“要想富，先修路”，这是中国人的一个朴素经验；基础设施建设先行，创造经济发展条件，是中国40年发展的一个宝贵经验。2016年底，国务院新闻办公室发布的《中国交通运输发展》白皮书说，新中国成立以来，特别是改革开放以来，交通运输面貌发生了历史性变化，为经济社会发展、人民群众安全便捷出行作出了重要贡献。中国交通运输40余年的发展充分证明了这一点，我们也将做法与经验与世界人民共享。依托系统性的技术优势，中国建设者走出国门，与世界人民分享公路、桥梁、隧道建设的成果。对于众多工程，我们只能挑一些典型例子来简单描述。

一、中巴喀喇昆仑公路

中巴喀喇昆仑公路全长1224公里，北起中国新疆喀什，南到巴基斯坦开伯尔—普什图省哈桑阿卜杜勒。喀喇昆仑山区平均海拔6000米，是一个地壳活动频繁的地带。喀喇昆仑公路穿越喀喇昆仑、兴都库什和喜马拉雅三大山脉，是世界上海拔最高的跨境公路。

1968年，中国筑路人进入巴基斯坦北部群山中，没有大型机械，没有辅助设备，单纯依靠肩扛手挑，他们用十余年时间造就了在险恶自然环境中奇迹般穿越的“天路”。但经过30多年的侵蚀和损毁，喀喇昆仑公路已经伤痕累累，无法满足通行需求。2006年底，中巴双方签署合作协议，中国承诺帮助巴基斯坦改扩建喀喇昆仑公路，恢复两国中断的陆路交通。

在建设公路的过程中，中国筑路人一次次身体力行地诠释了中巴友谊的真正含义。

2008年8月，喀喇昆仑公路改扩建项目一期工程正式启动，由中国路桥工程有限责任公司负责实施，项目南起雷科特桥，北至红其拉甫口岸，全长335公里。2010年1月4日，项目中段巴基斯坦阿塔巴德地区发生大规模滑坡，并在道路中央形成一个24公里长的堰塞湖，公路被截成两段。堰塞湖形成后，中国路桥对原有路段进行了改线设计，在群山间新建5条总长7公里的隧道，同时架设4座桥梁并铺设14公里路面，让喀喇昆仑公路再次贯通。

2008年8月中旬的一个夜晚，连接旦约镇和吉尔吉特市的交通要道吉尔吉特大桥因墩柱基础遭河水冲刷失稳而倒塌。这一重要通道的阻断无疑为工程的开展尤其是当地人民的生产生活造成了巨大困难。中国路桥办事处的全体人迅速开始了道路保通工作。他们以最快的速度进行了现场勘查，确定钢便桥搭建位置，从国内进口钢便桥开始架设。经过几十天的日夜奋战，一座崭新的贝雷钢便桥架设完毕，恢复通车。

2008年11月，巴古尔米特地区帕苏镇的村民代表来到了项目部，从他们急切的神情中可以看出，他们有了困难。经过现场察看，原来是暴涨的河水冲刷着村民的农田，一寸寸辛苦耕耘的土地正陷进湍急的水流中。项目部当即决定调用两台挖掘机对河道进行疏导，保护老乡的耕地。事后，村民自发制作了双语锦旗：“改河除水患、造福帕苏人”。

2009 年 4 月，喀喇昆仑公路项目一个路段突然发生大面积塌方，致使沿途一线上百辆汽车及工程机械滞留在路上无法通行。为了尽快疏通道路,项目部迅速做出反应,立即展开对塌方石块的排险清障工作，调集爆破作业队和重型机械联合进行爆破排险，最终实现道路通车。

2010 年 7 月，一场 80 年不遇的洪水肆虐巴基斯坦全境。大暴雨引发的泥石流阻断了沿线许多道路。面对灾难，项目部立即出动挖掘机 2 台，装载机 2 台，机手、爆破及管理人员数十人，仅用 34 天就在悬崖峭壁上开辟出一条崭新的便道。与此同时，中国政府及时伸出援手，从人力、物力、财力上积极支援巴基斯坦。为保证各种救援物资安全顺畅地运抵巴灾区，项目部又担负起中国援巴物资运输的道路保通工作。

喀喇昆仑公路横跨巴基斯坦境内 330 多公里，沿途经过多处村庄及城市。中国建设者积极履行企业社会责任，为当地居民提供力所能及的便利，帮助他们解决实际困难。应村民农作物灌溉需要，建设者在原公路设计中增加涵洞；为当地村庄修建部分便道，便于村民通行；为当地村民疏通水电站水渠，消除安全隐患；将闲置的机械设备免费租借给当地村民使用；为当地人提供就业机会，尽量雇佣当地员工，增加他们的经济收入；开放项目医务室，免费为当地村民看病；对红其拉甫国家公园的动植物、文物古迹主动提出保护措施和要求，等等。

一位70多岁的巴基斯坦老人饱含深情地说：“我们敬重中国人。30多年前，他们为了建成这条天险之路吃了无数的苦，流了许多的血和汗，有的人永远埋在了喀喇昆仑山下。今天再次见到他们，就像见到了自家的亲人。”

公路建成后，受益区域面积约为7.5万平方公里，受益人口约1500万人。畅通的道路为当地交通带来了根本性改善，从雷科特桥到红其拉甫口岸的行车时间从以前的14小时缩短到6小时。道路的

中巴喀喇昆仑公路雷科特至红其拉甫段（中国路桥 供图）

贯通给当地带来了商机，给当地居民创造了大量就业岗位，改变了当地的产业结构，盘活了当地旅游资源，并催生了零售业、宝石开采等一批新的行业。

这条路也成为中巴经济走廊的核心，它最终连通到巴基斯坦瓜达尔港。中巴经济走廊首先是交通运输走廊，喀喇昆仑公路的扩建、升级、延伸还在继续，有关铁路建设也已启动，以瓜达尔港为代表的港口建设和运营也纳入中巴经济走廊范围。中巴经济走廊正在成为商业贸易走廊，结合贸易加工区、自贸区、边贸区建设，由点成线，以线带面，促进投资以及商品和服务贸易的快速发展。

二、吉尔吉斯公路网

2013年，中国国家主席习近平提出共建“丝绸之路经济带”和“21世纪海上丝绸之路”的倡议，得到国际社会的高度关注和有关国家的积极响应。“一带一路”倡议提出伊始，吉尔吉斯斯坦就积极响应和参与建设。吉尔吉斯斯坦是内陆国家，与中国、哈萨克斯坦、塔吉克斯坦和乌兹别克斯坦接壤。吉尔吉斯斯坦一直希望打造一个连通周边国家的交通大枢纽，使吉尔吉斯斯坦成为中亚地区重要的交通运输过境走廊。

2000年以来，中国路桥工程有限公司承建了连通中国、吉尔吉斯斯坦及周边国家的道路修建、修复等项目，建设公路2000余公里，使得吉尔吉斯斯坦成为连接中国与欧亚大陆的枢纽，为吉尔吉斯斯坦及沿线国家经济社会的发展带了立竿见影的成效。

中吉乌公路项目是中华人民共和国与吉尔吉斯斯坦共和国、乌兹别克斯坦共和国政府高度重视的一个国际型公路合作项目，东起中国与吉尔吉斯斯坦之间的伊尔克什坦口岸，穿过吉尔吉斯斯坦南部主要城市奥什，沿乌兹别克斯坦的费尔干那到达乌兹别克斯坦首都塔什干。项目全长约937公里，其中吉尔吉斯斯坦境内211公里路段由中国路桥工程有限责任公司承建。中吉乌公路吉国境内路段地处吉尔吉斯斯坦境内的阿拉依高山河谷地区，属于帕米尔阿拉依山脉，山崖遍布，河谷纵横。项目所在位置海拔平均在3000米左右。当地施工有效期不足9个月，再加上地质条件复杂，地震活动频繁，外部环境十分恶劣。艰巨的施工任务、紧张的施工期，一度让施工难度增大。当地资源匮乏，项目施工主材（沥青、高标号水泥、钢材等）需从中国、俄罗斯或哈萨克斯坦等国采购，采购过程中涉及企业和政府部门的沟通协调、海关清关、采购材料的试验指标是否满足所在国生产需求等，这些都成了项目中的棘手问题，项目部需多方协调，在摸索中前进。

另一个工程吉尔吉斯斯坦南北第二条公路是连接南部和北部的一条运输干线。工程包括吉尔吉斯斯坦首条隧道，隧道所在地为无人区，海拔超过 2500 米，自然条件极不利于施工。隧道区域为千枚岩地层，岩石强度低，构造裂隙发育，常年积雪封山，受到断裂带影响，隧道围岩岩体极为破碎，易涌水、突泥、坍塌，施工困难，风险系数高。2019 年 9 月 13 日，吉尔吉斯斯坦南北第二条公路建设项目 4 标段主线实现贯通。项目建成后，将进一步改善贾拉拉巴德区域的交通条件，对加快吉尔吉斯斯坦国家交通运输建设和经济社会发展具有重要意义。

吉尔吉斯斯坦南北第二条公路建设项目（中国路桥 供图）

三、非洲公路

中非友谊源远流长，中非合作历史悠久。在非洲，中国建设者修建了大批公路，提升了当地基础设施建设水平，改善了城市环境和居住条件，为非洲国家的可持续发展增添了动力。

塞内加尔是西非重要国家之一。中国路桥承建的塞内加尔捷斯—图巴收费高速公路连接着塞内加尔几个重要城市，被塞内加尔视为“国家级工程”。塞内加尔基建部长接受《人民日报》的采访时说，在高速公路项目带动下，达喀尔、捷斯、姆布尔等城市周围如今聚集了一批新经济圈规划项目。“这些项目本身就能够创造大量就业机会，也为当地中小型企业带来了合同，为私营部门开发了商业潜力。”

在卢旺达，中国援建的道路和地标性建筑随处可见。中国路桥工程有限公司从 20 世纪 70 年代进入卢旺达，在过去的 40 多年时间里，在卢旺达累计修建公路超过 1200 多公里，占卢旺达现有公路的近 70%。其中最具代表性的一个工程是 1974 年开工的基加利至卢松姆道路，被誉为非洲的样板路。在卢旺达战后重建时，中国路桥工程有限公司是第一家回到卢旺达的外国公司，此时的卢旺达政局未稳，街头仍不时响起零星枪声。在如此局势下，中国建设者依然按时完成公路建设任务。2011年，基加利的连续暴雨一度造成多个公路塌方，交通要道通行中断。此时，一些公司认为工程紧迫，便抬高要价，令当地政府束手无策。中国公司项目部闻听此事后，立刻免费进行了工程抢修，及时恢复了当地交通。一位叫维森特的当地人在中国路桥工程有限公司项目部工作了多年。卢旺达内战时，他曾守候着公司的设备，他坚信，中国朋友一定会回来。果然，老朋友如约归来，维森特准备在中国路桥工程有限公司工作至退休。

2000年，中国建设者为肯尼亚建了一条连接首都内罗毕与东非第一大港蒙巴萨的高等级国道，这条路被肯尼亚政府命名为“中国路”。2003年，中国与肯尼亚建交40周年之际，肯尼亚政府发行了以“中国路”为主题的邮票。2006年11月，中国政府在中非合作论坛北京峰会上承诺：三年内向非洲提供100亿美元优惠贷款。肯尼亚内罗毕东北环城路就是其中的援助工程。这条52公里长的公路于2009年开工，2012年竣工。内罗毕东北环城路建成前，交通设施的落后让内罗毕城东北部郊区一带长时间处于荒凉和落后状况，配套生活设施稀缺，沿线居民购物、求医以及上学等均要乘车数小时前往内罗毕市中心。东北环城路的建成通车，让沿线的生活焕然一新。学校、医院和众多店铺鳞次栉比，车辆通行无阻，损毁和油耗也明显降低，当地人的资产因此增加了4倍以上。

中国最早的公路建设机构——中交第一公路工程局1998年来到埃塞俄比亚，至2003年，他们完成了埃塞俄比亚首都通向现代化城市的标志性工程——埃塞俄比亚首都环城路。工程建成后，一公局组织了一次环线长跑接力赛，后来这个赛事成为当地著名的群众运动，已经连续举办多年。随后，建设者们仅用 78 天就圆满完成了埃塞俄比亚“中埃友谊路”的修建工作。2009 年，他们又承建了该国首都亚的斯亚贝巴市至第二大城市阿达玛市的公路。这条公路处于埃塞俄比亚东非高原的低山丘陵区，全线平均海拔高度为 1900 米，全长共计约 78 公里。这条路后来成为东非规模最大的第一条收费高速公路，原来两个小时的路程现在只要 40 分钟。这条路创造了埃塞俄比亚的很多第一，比如第一次在埃塞俄比亚使用沥青高模量混凝土摊铺工艺。由于常规普通的柔性路面结构不能适应目前日益增长的交通量及车辆轴载的增加，所以许多非洲国家的国家公路网的道路等级正在从柔性土路、柔性沥青表处路面升级成寿命较长的柔性沥青混凝土路面。而采用高模量沥青混凝土基层的柔性路面，比普通的沥青混凝土柔性路面具有更好的抗车辙、扩散荷载的能力，使用寿命更长，又能减薄普通沥青混凝土路面的基层厚度。

埃塞俄比亚亚的斯—阿达玛高速公路（中交一公局 供图）

四、牙买加南北高速

牙买加政府长久以来就有连通南北部的战略计划，即建设一条高标准的高速公路连通牙买加南部首都金斯敦和北部旅游中心城市八条河。然而，面对岛南和岛北之间的巍峨群山、深沟险壑，这个梦想迟迟没有实现。牙买加政府从规划、推动到开启该项目的建设耗费了近20年的时间。2010年，项目中段施工遭遇到资金和技术的双重难关，连法国知名承包商也不得不放弃合同，项目一度面临山穷水尽的局面。

2009年，中国港湾工程有限公司组织优质资源在最短时间内高质量地完成了设计工作，并完成了可行性报告。2011年，牙买加政府批准中国港湾投资该项目，并首次提出延长特许经营期为50年以及提供相应的投资优惠政策。工程建设中，牙买加当地特殊的自然环境也给项目带来了不小的挑战。牙买加南北高速公路项目位于牙买加中部，处于加勒比海周围的弧形地震带中，地震活动频繁。对此，中国港湾从2013年开始就着手进行《复杂地质条件下快速公路长大纵坡的设计与施工研究》和《强震区山区快速公路设计与施工关键技术研究》等重点课题的研究工作。据统计，牙买加南北高速公路项目课题的总研发费用达到3300万美元。2016年，牙买加南北高速公路正式

牙买加南北高速公路（中国港湾 供图）

投入运营。南北高速公路项目是牙买加历史上规模最大的基建类项目，连接了该国南部首都金斯敦和北部旅游中心城市八条河，社会和经济效益十分显著。这也是中国企业在拉美地区首个以 PPP 模式合作的基础设施项目，同时是中国企业在海外首条具有特许经营权的高速公路。

南北高速的开通带动了牙买加旅游业的发展。通车后，从八条河镇到金斯敦的行车时间从两小时缩短为半小时。牙买加人把这条高速公路称为“最美高速”，行驶在牙买加南北高速公路上，人们甚至能够听到热情的牙买加收费员微笑着用中文说“你好”“谢谢”。

五、马来西亚苏丹阿都哈林大桥

槟城是马来西亚第二大城市，槟岛地区经济发展迅猛。槟城一桥（槟威大桥）自 1985 年开通以来，车流量持续增加，在高峰时刻已达到饱和，马来西亚政府决定建造槟城二桥（苏丹阿都哈林大桥）。

这座跨海大桥横跨槟城海峡南部水域，全长约 24 公里，其中海上桥长 17 公里，是当时东南亚最长的跨海桥梁。项目建设规模巨大，是马来西亚第九个五年计划的首要工程，中国建设者承担了这座桥的建设任务。大桥设计规范执行国际标准，设计采用马来西亚标准，并参照英、美和欧盟标准。业主对技术质量要求极为严格，曾表示："我们请你们来，就是让你们'啃硬骨头'的。"经过建设者们的通力协作，终于把这块"硬骨头"啃了下来。监理评价说："（中国企业）不但为我们提供了高效、专业的合作力量，更让我们看到了中国人的勤奋、认真和过硬的技术水平！"这座大桥建成后斩获多项大奖，包括 2016 年中国建设工程鲁班奖（境外工程）、2015 年度英国土木工程师协会"布鲁内尔奖"、2014 年度马来西亚优秀公路工程奖。苏丹阿都哈林大桥自 2014 年开通以来，加强了槟岛与大陆一侧的联系，大大缓解了槟威大桥的交通压力，给槟城人民的出行带来了方便。

六、塞尔维亚泽蒙-博尔察大桥

塞尔维亚贝尔格莱德是位于欧洲和近东的重要联络点，多瑙河流经贝尔格莱德市内的河段有 50 多公里，但是沟通南北两岸的纽带只有一座修建于二战时期的潘切沃大桥，且已年久失修。2009 年中国建设者开始重建这座大桥，2014 年完工。

20 世纪 70 年代，电影《桥》风靡全国，“老虎”是男主角。在影片结尾，负责保护大桥的德军上校看着断桥，叹道：“可惜，真是一座好桥。”峡谷对面，游击队少校“老虎”也对着升起烟雾的断桥发出感慨：“可惜，真是一座好桥。”为了阻断德国法西斯撤退的路线，“老虎”带领游击队炸毁心爱的桥，非常不舍，又不得不这么做。2014 年，81 岁的“炸桥英雄老虎”来到大桥工地，连连说：“这里，该有一座好桥，要有一座好桥！”大桥通车时，塞尔维亚两万多人到桥上庆祝，电影《桥》的主题曲《啊！朋友再见》在桥上循环播放。观摩通车仪式的当地群众挥舞着中塞两国国旗，心情激动。

泽蒙-博尔察大桥通车后，泽蒙区到博尔察区之间的通行距离与时间均缩短 70 %。贝尔格莱德、塞尔维亚的南北交通，乃至整个欧洲过境塞尔维亚的交通运输都变得更加快捷顺畅。正因如此，塞前交通

塞尔维亚泽蒙-博尔察大桥（中国路桥 供图）

部长安蒂奇也将泽蒙-博尔察大桥形容为“塞尔维亚近几十年来最好的基础设施项目”。

七、中马友谊大桥

马尔代夫“中马友谊大桥”是“一带一路”倡议的重点工程，也是中国援外工程改革的第一个试点项目和第一个援外资金与国家优惠贷款组合项目。

中马友谊大桥位于马尔代夫北马累环礁，连接环礁上马累岛、机场岛和胡鲁马累岛三个岛屿，是马尔代夫最重要的岛屿连接线工程，也是马尔代夫首座跨海大桥。马尔代夫有上千个岛屿，其中有人居住的以马累岛、机场岛和胡鲁马累岛为主。此前，机场岛到胡鲁马累岛有一条公路相连，但马累岛到机场岛需要摆渡。建设连接马累岛和机场岛的大桥，使三个岛连成一片，会让马尔代夫的国家发展空间产生质的飞跃。

中马友谊大桥是世界上首次在珊瑚礁上建跨海大桥，无先例可循。珊瑚礁由生物钙化形成，结构松散且质地很脆，桩打下去就是一个空洞，不仅难以立稳，还会突然下沉。大桥近200根桩和24个桥墩基础都不得不建在珊瑚礁上，基桩最长有120米左右，最深打入海床面以下50多米。大桥位于马尔代夫群岛潟湖与外海交汇处，海风强劲，无风涌浪高达3米，洋流多变，海水流速大，水深达27—46米，一

中马友谊大桥（王明亮 摄）

年中有 7 到 8 个月的施工难度相当大。海浪波长达到 200 米，一般的施工船都很难停稳，打桩时会不停摇晃。再加上珊瑚礁地质、高辐射、高湿度、高盐等多方面因素，施工条件极为恶劣。然而，这些都没有难住中国建设者。2018 年中马友谊大桥建成通车。马尔代夫人都说中马友谊大桥是马尔代夫的世纪工程。马尔代夫住房与基础设施部部长说：“马尔代夫的地形有别于世界上其他任何国家，大桥的建设将打开我们的发展大门。”

八、莫桑比克马普托大桥

2018 年，中国建设者完成了莫桑比克马普托大桥。这座跨海大桥是目前非洲主跨最长的悬索桥，大桥总长约 3 公里，主跨 680 米，大桥北连马普托老城区，南接待开发的卡腾贝新区，结束了两岸的“轮渡史”，使卡腾贝迅速成为马普托市的“新区”，并为莫桑比克南部地区乃至整个南部非洲的快速发展奠定了基础。

莫桑比克首都马普托的南部有一个小小的缺口。缺口的北面是莫桑比克首都马普托，这里高楼林立，街区星罗棋布；而南面一片荒芜，零零散散地分布着一些村落，它是马普托南部小镇卡滕贝。相比较海湾北侧近百万的人口，卡滕贝地区虽然坐拥印度洋上的明珠——黄金角旅游胜地，可人口却只有 3 万左右。近年来，外国投资者不断涌入，当地居民大量进入首都寻找就业机会，马普托的城市容纳能力已接近极限。而土地、旅游资源丰富的卡滕贝，自然就承担了首都地区工厂迁移、分流就业、交通压力等任务。马普托大桥则成为这项计划的关键。

马普托大桥建成以前，渡轮是连通马普托湾和卡滕贝的唯一方式。每日清晨，马普托港轮渡渡口就会排起绵延百米的长队，他们都在等待着从卡滕贝方向驶来的渡轮。

钢箱梁施工是马普托大桥上部结构施工的一个重难点，前期多次调研结果显示，现场不具备设置钢梁加工及拼装条件，而且施工期间航道及港区不能封闭，南岸航道存在较长浅滩，无法停靠大型运梁船，采用跨缆吊机及传统缆索吊方式在这里都行不通。项目组织了多次专家会进行方案设计、评审，最终一套国内外联动的“中国方案”正式出炉。钢箱梁在中国国内进行梁段整段预制，再由大型运梁船一次性将所有钢箱梁运抵马普托港，最后采用“缆索吊 + 旋转吊具”的方法进行吊装。正是创新应用“缆索吊 + 旋转吊具”的吊装方法，最终实现了在钢箱梁的平面旋转和梁上运梁的工艺，减少了对港区和航道的影响，实现了在海洋环境、跨航道、少存梁栈桥的条件下快速安装钢箱梁。在大桥通车庆典上，莫桑比克总统纽西表示，中国团队为莫桑比克打造了足以载入史册的精品工程。马普托大桥及连接线项目的正式通车实现了莫桑比克人民的愿望。

九、孟加拉国卡纳普里河底隧道

孟加拉国2016年计划在吉大港卡纳普里河入海口建设一座水下隧道。在中孟两国元首的见证下，这一工程开始实施。

卡纳普里河底隧道项目是孟加拉国第一座长大公路过江隧道项目，线路全长9092米，隧道总长3500米，盾构隧道段长约2450米。中国建设者承担了整个工程任务，这也是中国在海外建设的首条长大隧道，隧道主体采用中国规范设计。这一工程建设的核心装备是由中国设计的直径达到12米的盾构。2018年，这个巨大的盾构机顺利抵达孟加拉国吉大港，始发准备工作随即展开。盾构机开始作业的时候，孟加拉国总理说："与孟加拉国的传统技术相比，中国技术效率更高、更安全、更环保，对周围环境的影响微乎其微，为孟加拉国下一步的基础建设起到非常好的示范作用。" 目前，工程正在推进之中。

这样的建设故事有很多。这是友谊的体现，也是合作共赢的体现。"一带一路"建设需要资金、技术、设备，也需要共商共建共享的精神动力，这需要"一带一路"沿线国家的人民通过勤劳致富、依靠知识改变命运，这是共建"一带一路"的内在动力。通过桥梁建设跨越隔阂和天堑，让当地和中国手牵手、心连心，我们可以称之为“连心桥”；通过投资建设公路铁路让当地人民发家致富，我们可以称之为“致富路”。通过一个个工程建设，中国建设者正在与世界人民分享中国公路桥梁隧道建设的系列技术，并分享勤劳致富、知识改变命运的文化。许许多多中国人用勤劳的双手改变了自己的生活，普通中国人集合起来的磅礴力量，推动着中国的发展。沿线普通人勤劳智慧所汇集起来的力量，是把“一带一路”建设成为繁荣发展之路的力量。

后　记

习近平总书记在2014年国际工程科技大会上指出，工程科技与人类生存息息相关；回顾人类文明历史，人类生存与社会生产力发展水平密切相关，而社会生产力发展的一个重要源头就是工程科技；工程科技是改变世界的重要力量，它源于生活需要，又归于生活之中。

中国公路桥梁隧道的建设，是一个从追随世界先进水平、到与世界先进并行并跑、再到领先世界的过程。在这个过程中，中国企业和建设者在公路、桥梁、隧道的结构体系设计、核心材料研发、关键施工工艺、施工装备创新上刻苦攻关，拥有了完整的建设技术体系，技术高度不断攀升，攻坚难度不断刷新，建成了代表世界最高水平的产品。在这个过程中，中国坚持把自力更生作为自主创新的基点，攻克核心技术和关键技术。

需要说明的是，鉴于中国高速公路网的巨大成就和宏大体系，本书试图从一个普通的高速公路使用者的角度来呈现这个宏大体系。和很多普通人一样，我们对路的体会是基于自己的体验。电影《非诚勿扰》中，一位姑娘介绍自己的家时说："先坐飞机到昆明，再坐一天的长途车到蒙自，再换车到屏边，再坐一天的牛车、一天的拖拉机，就到我们家了。"中国曾经有不少人有着类似的旅游经历，曾经在泥泞道路上奔波，在长途汽车上颠簸，在蜿蜒的低等级公路上等待……因为这些体验，人们才对便捷的道路充满了渴望。今天，我们能够在中原大地的高速公路上穿梭，看贵州高速公路翻山越岭，看青海高速公路穿过云雾，看长江大桥飞跃天堑，看东海大桥、杭州湾大桥飞跃海浪，也能开车在内蒙古刚刚建成的沙漠高速公路上快意飞驰。因工作原因，我们曾倾听设计师畅想蓝图、描绘蓝图，倾听工程师讲述呕心沥血的攻关历程，倾听建设者披星戴月的无私奉献；也曾在大桥的塔顶、猫道由哆嗦发抖到淡定自如，在崇山峻岭大江大河的隧道中想看个仔细。所有这些，汇聚成对中国公路桥梁隧道建设成就的深深敬意。这也让我们不揣浅陋来描述这样一个宏大体系。因此，本书所设计的框架完全是一个非专业的，只是为了让它尽量浅显易懂，让读者了解中国公路桥梁隧道建设取得的辉煌成就。

从成果来看，路桥隧三种产品构成了中国高速公路的基本概念。这三种产品有着各异的技术特征，本书力求以通俗的语言来介绍。

就高速公路而言，在一个巨大的高速公路网中，有着各种各样的高速公路，本书很难用一个客观专业的指标来分类描述，只是基于中国的山河地貌将中国高速公路分为平原微丘的高速公路、水乡滨海的高速公路、翻山越岭的高速公路、穿越沙漠的高速公路、高原绝域的高速公路五大系列。

就桥梁而言，中国建设了数以万计的各类桥梁，成为高速公路体系中耀眼的明星。桥梁的跨径是一个较为客观衡量桥的技术特点的指标，一般根据桥梁的技术类型分为梁桥、拱桥、悬索桥、斜拉桥，并基于这个划分来描述。本文基于大河、大海、高原这样一个更为通俗的视角，将这些丰富多彩的桥梁分为跨越大江大河的桥梁、面向大海的桥梁和跨越高山峡谷的桥梁，也是为了和中国的壮美河山结合起来。

从隧道来看，其形式相对单一。不过从建设方式看，主要有三种方法建设的隧道：钻爆隧道、盾构隧道、沉管隧道。本文基本按照这三种方式介绍隧道建设的成就。

既然明知浅陋、挂一漏万，本书非专业的描述，就需要说明文责自负，也诚恳期待专业人士的批评指正。

本书作者团队

2021 年 12 月

图书在版编目（CIP）数据

跨越山川：中国公路桥隧 / 米金升，吴文竞，张曦编著
．—北京：外文出版社，2021.12
（辉煌中国）
ISBN 978-7-119-12917-4

Ⅰ．①跨… Ⅱ．①米… ②吴… ③张… Ⅲ．①道路建设－概况－中国②桥涵工程－水路运输－交通运输建设－概况－中国 Ⅳ．① F542.3 ② F552.3

中国版本图书馆 CIP 数据核字 (2021) 第 238336 号

出版指导：陆彩荣
出版统筹：胡开敏
责任编辑：熊冰頔
图片来源：《交通建设报》
装帧设计：北京正视文化艺术有限责任公司
印刷监制：章云天

跨越山川：中国公路桥隧

米金升 吴文竞 张曦 编著

出 版 人：胡开敏
出版发行：外文出版社有限责任公司
地　　址：中国北京西城区百万庄大街 24 号　　邮政编码：100037
网　　址：http://www.flp.com.cn　　电子邮箱：flp@cipg.org.cn
电　　话：008610-68320579（总编室）
008610-68996144（编辑部）
008610-68995852（发行部）
印　　刷：北京盛通印刷股份有限公司
开　　本：710mm × 1000mm　1/16
字　　数：160 千字　　印　张：15.5
装　　别：平装
版　　次：2021 年 12 月第 1 版第 1 次印刷
书　　号：ISBN 978-7-119-12917-4
定　　价：78.00 元